AF450435

PREUVES MORALES

DU FAUX,

POUR M. LE MARÉCHAL DUC DE RICHELIEU.

CONTRE Madame DE SAINT-VINCENT, VEDEL, & autres co-Accusés.

D'OU vient donc ce ton d'assurance que continuent d'affecter les Ecrivains de Madame de Saint-Vincent ? Est-ce confiance, illusion ou audace ?

La seule lecture de leurs Mémoires doit révolter toutes les personnes honnêtes. On diroit qu'un prix est promis à l'Ecrivain qui montrera le plus d'audace & d'insolence. La majesté du Tribunal, le nom auguste de *Pairie*, cette dignité éminente dont M. le Maréchal de Richelieu partage les honneurs avec la Cour qui doit le juger, rien ne peut le mettre à l'abri

A

des outrages, & chaque jour voit éclorre de nouveaux libelles, dont l'indécence ne seroit pas tolérée vis-à-vis du dernier des citoyens

Quel sera le terme de ces excès ? Dix-huit mois se sont déjà écoulés, & M. le Maréchal de Richelieu n'est pas encore vengé ! Ses Juges respectables doivent s'affliger eux-mêmes, de n'avoir pu encore mettre fin à ce scandale. Ils ne cherchent que la justice, ils ne veulent voir que la vérité, & c'est pour achever de la faire briller à leurs yeux, qu'il va réunir dans ce Mémoire tout ce qui peut les éclairer sur le point capital du procès.

QU'IMPORTE, dit Madame de Saint-Vincent, *la vérité ou la fausseté intrinseque des lettres & des billets ? Je consens que M. le Maréchal de Richelieu reprenne ses billets. Le procès se réduit à ce point unique : Madame de Saint-Vincent a-t-elle fait les lettres & les billets, ou ne les a-t-elle pas faits ? Voilà la question.* *

*Mém. intit. Réponses, pages 10 & 73.

C'est aussi à ce point unique que chacun s'accorde aujourd'hui à réduire l'affaire. Tant d'Experts ont dit que les billets sont faux ; ils l'ont dit si unanimement, ils l'ont prouvé de tant de manieres, le faux enfin éclate à un tel degré d'évidence, que personne ne dispute plus sur ce point. On n'éleve de doute que sur le *per quem.* Qui a fait le faux ?

Eclaircissons donc cette question. Elle est d'autant plus importante, que tout ce qui servira à la résoudre, servira aussi à constater de plus en plus le faux. La preuve du faux matériel n'emporte pas toujours celle du faux personnel. Mais il n'y a point de faux personnel sans faux matériel, & la preuve du premier est la preuve la plus certaine du second.

Nous ne nous arrêterons pas à repousser l'injure qu'on fait à M. le Maréchal de Richelieu, en essayant de persuader qu'il *a contrefait lui-même sa signature*, soit par une contrefaction naturelle & ordinaire, soit avec le secours de *deux griffes* fabriquées exprès, pour donner à Madame de Saint-Vincent de faux billets. Cette absurdité a été trop bien réfutée dans le 1ᵉʳ Mém. de M. le Maréchal ; elle va l'être encore de nouveau, si nous démontrons que c'est Madame de Saint-Vincent qui a commis ou fait commettre ce faux. Dans la démonstration que nous allons faire, nous ne serons embarrassés que sur l'ordre & le choix de nos preuves.

MAIS avant de les développer, il est nécessaire de connoître quel genre de preuve est requis pour asseoir une condamnation. Principes.

Personne n'ignore que la preuve testimoniale n'est pas toujours la seule qui puisse convaincre un Accusé, & qu'il est même des crimes dont il est impossible de prouver la *perpétration* directement & par la voie testimoniale. Les *présomptions, les indices, les circonstances* du délit servent souvent bien plus efficacement à manifester la vérité, que la preuve testimoniale.

Ce genre de preuve est même quelquefois le seul que la Justice puisse se procurer pour arriver jusqu'à l'auteur du crime. Elle en chercheroit vainement d'autres dans les délits que les Criminalistes appellent *occultes*, parce qu'ils font de leur nature plus susceptibles du secret & du mystere. Le vol, le meurtre, l'usure, la plupart des crimes existent par des actes extérieurs. Etant en quelque façon exposés à la publicité, il est facile d'y trouver des témoins. Mais le faux, ainsi que la fimonie, la fuppreffion de part, & d'autres crimes de cette efpece, font des crimes fecrets; ils fe projettent, fe préparent & fe commettent dans les ténebres. Dans tous ces crimes le corps du délit eft muet & infenfible, & le coupable feroit certain de jouir de l'impunité, fi l'on attendoit pour le condamner que deux témoins vinffent certifier à la Juftice l'avoir vu commettant le crime.

Auffi c'eft principalement au fujet de ces fortes de crimes que les Criminaliftes enfeignent qu'il faut recourir aux *préfomptions*, & qu'ils décident qu'un certain nombre *d'indices* forment une preuve fuffifante : *alia quædam funt, quæ licet probationes non fint, tamen locum probationum fupplent, ut jusjurundum, confeffio,* PRÆSUMPTIO, EVIDENTIA REI. Perez. in cod. lib. 4. tit. 19. n°. 3.

Menochius établit la même regle : « Quoique, dit-il, les » délits doivent être ordinairement conflatés par des preuves » claires, certaines & manifeftes, cependant lorfqu'ils font de » nature à ne pouvoir être prouvés par des preuves directes, il faut » recourir aux préfomptions & aux conjectures : *& fi delictum* » *in genere probari debeat certis, claris & manifeftis probatio-* » *nibus, tamen, cùm ob difficultatem directarum probationum,* » *probari non poteft, præfumptionibus & conjecturis, detegi &* » *probari poteft :* lib. 1. de Pref. queft. 58, n°. 2 ».

Enfin la regle générale établie par tous les Auteurs, eft qu'il fuffit d'acquérir des preuves légeres dans les crimes qui fe commettent en fecret : *in his quæ clàm fiunt, fufficiunt leviores probationes.* Ces preuves légeres font, ce qu'ils appellent les *indices* ou *préfomptions.*

On diftingue des préfomptions de deux efpeces, *préfomptions de droit ou de la loi, & préfomptions de l'homme.*

5

La préfomption de la loi, celle que les Jurifconfultes appellent *juris & de jure*, équivaut à une preuve, elle en tient lieu : elle eft même fupérieure à la preuve teftimoniale, qui ne peut ni la détruire, ni la balancer. On appelle *préfomption de l'homme* toutes les raifons fortes & preffantes qui déterminent à croire une chofe avec certitude , *acceptio rei , fortiter mo-vens animum* (1). Une feule de ces préfomptions ne forme pas une preuve; mais la réunion de plufieurs équivant à la preuve la plus complette : *tantam vim habent ut aliquando ad condemnationem fufficiant.*

La lumiere de ces préfomptions eft même telle, que fouvent les Juges la préferent à celle qu'ils trouvent dans une preuve teftimoniale. Quelque précife que foit la dépofition des témoins, il refte toujours au Magiftrat la crainte d'être égaré par un témoin qui peut avoir mal vu , qui peut s'être trompé , qu'on a pu fuborner. Mais ce qu'il voit au flambeau de la raifon , ce que les circonftances du fait lui démontrent & que de fortes préfomptions établiffent , c'eft pour lui la vérité même. Ces indices, ces conjectures, dit encore le favant Menochius, font les traces du fait qu'on a voulu cacher : en les fuivant, on parvient néceffairement à la vérité, *veftigia latentis veritatis.*

L'Ordonnance de 1670 a réduit ces principes en loi : l'art. 5 du titre 25 renferme en fubftance tout ce que nous venons d'obferver.

« Les procès criminels pourront être inftruits & jugés, *encore qu'il n'y ait pas d'information, & fi d'ailleurs il y a preuve fuffifante* par les interrogatoires ou par pieces au-

____

(1) Menoch. *lib. 1, queft. 7.*

» thentiques, ou reconnues par l'Accufé, & par les autres *pré-*
» *fomptions & circonftances* du procès ».

C'eft ce que fuppofe auffi l'Ordonnance du faux principal,
tit. 1, art. 30. Elle dit : *que le Juge pourra décréter même fans
information, en cas qu'il y ait d'ailleurs des charges fuffi-
fantes.*

Ces textes font trop clairs pour qu'il foit befoin de les com-
menter. Ils prononcent évidemment qu'on peut *décréter &
juger fans information.* Ces Loix admettent donc d'autres
preuves que la preuve teftimoniale ; elles décident qu'il peut
exifter des *préfomptions & des circonftances* affez fortes pour
emporter avec elles la preuve & la conviction du crime.

HÂTONS-nous d'appliquer ces regles inconteftables, & de
raffembler cette foule d'indices & de préfomptions, qui, en
démontrant le faux en lui-même, démontrent encore que
Madame de Saint-Vincent en eft l'auteur ; c'eft-à-dire, *que
c'eft elle-même qui l'a commis ou fait commettre.* Perfonne n'en
doutera fi nous prouvons que tout eft fauffeté & contradiction
& abfurdité dans la conduite & le langage de Madame de
Saint-Vincent. Il ne s'agit que de la fuivre pas à pas pour en
être convaincu.

Ecoutons-la d'abord raconter elle-même la caufe, l'occafion
des largeffes, leurs variations, leurs dates, tout ce qui tient
enfin à ce qu'on peut appeller l'*hiftoire des billets.*

Sous un fecond point de vue, en raffemblant tout ce qui
la caractérife, on verra de quoi elle eft capable ; & la certitude
du nombre de faux, commis par elle, conduira néceffairement
à la conviction de celui dont il s'agit.

Nous rapprocherons enfin dans un dernier tableau les faits
qui fe font paffés dans l'inftant où fon crime a été décou-

vert : les préfomptions de cette derniere claffe n'offriront pas moins de lumiere que toutes les autres.

I°.

Pour donner une caufe aux largeffes prétendues de M. le Maréchal de Richelieu, Madame de Saint-Vincent l'a peint comme enivré pour elle de la plus folle ardeur. Sa famille la retenoit au Couvent de Milhaud, il la *ravit* de cet afyle. On l'a conduit à Tarbes : il *l'enleve* encore de ce lieu pour la rapprocher de lui. Enfin Poitiers eft le théatre d'un troifieme *rapt*. M. le Maréchal de Richelieu *la force de quitter Poitiers & de venir à Paris.*

C'eft dans ces fignes d'une paffion effrénée que Madame de Saint-Vincent prétend trouver la caufe des bienfaits de M. le Maréchal. Quand la caufe feroit vraie, l'effet n'en feroit pas une conféquence néceffaire ; mais fi la caufe eft un menfonge, l'effet fera donc auffi une fauffeté.

Or, 1°. cette paffion violente, effrénée, capable de porter M. le Maréchal de Richelieu aux plus grands excès, cette paffion qui, fuivant Madame de Saint-Vincent, auroit commencé il y a plus de dix-huit ans, quels effets a-t-elle donc produits avant l'étrange bienfait qu'elle lui attribue ? Dans tout cet efpace de tems, M. le Maréchal de Richelieu n'a pas même été vifiter une feule fois l'objet de cette paffion romanefque, quoique Milhaud fût dans fon Gouvernement, & quoiqu'il ait été à Rhodès, qui n'en eft qu'à quatre lieues. Il n'a vu Madame de Saint-Vincent pour la premiere fois qu'à Poitiers en l'année 1771, & dans le cours de deux ans, il ne lui a fait que quelques vifites, dont deux ou trois avec M. l'Evêque de Poitiers. Ce fait eft *avoué* par Madame de Saint-Vincent, (1er. inter.)

2.. Elle avoue encore qu'après son arrivée à Paris, quinze jourss'écoulerent sans que M. le Maréchal daignât l'aller visiter, *& qu'il l'a laissée à un troisieme étage, mourant de faim, & ne vivant elle & sa Femme de chambre que de pain & d'eau.* (1er inter. pag. 6).

3°. Enfin l'histoire des trois *rapts* de *Milhaud*, *Tarbes* & *Poitiers*, est aujourd'hui bien éclaircie. Il est prouvé au procès, par une lettre de Madame de Saint-Vincent au sieur DE COMBETTE, que *ce fut elle qui sollicita & fit solliciter M. de Richelieu à l'effet d'obtenir son changement de Milhaud.* Il est prouvé par les lettres de M. l'Evêque de Tarbes & de M. le Comte de Vence également produites, que ce fut encore Madame de Saint-Vincent qui voulut sortir de *Tarbes*, dont le séjour lui déplaisoit, & que le choix du Couvent de *Poitiers* fut l'ouvrage de *M. le Comte de Vence son pere* & de M. de Saint-Vincent son mari, qui augmenta dans cette occasion sa pension de 500 livres par année : translations qui n'eurent lieu que sous la loi rigoureuse d'une lettre de cachet. Enfin les lettres de Madame de Saint-Vincent au sieur Vedel, établissent que le projet de venir à *Paris* a été leur commun ouvrage, & qu'ils y sont venus l'un & l'autre comme *au terme de leurs malheureuses destinées...... J'aurai,* lui disoit-elle, *le plaisir d'aller avec toi à Paris. Il est vrai que je n'y pensois plus; tu m'a surprise hier ne pensant plus à notre voyage, parce que je me suis entichée de cet argent, sans lequel nous ne pouvons rien faire **. M. le Maréchal de Richelieu n'a pas même été prévenu de leur projet de venir à Paris.

La passion de M. le Maréchal de Richelieu est donc une fable, & les trois *rapts*, une imposture grossiere. Dès-lors, n'y ayant plus de cause aux libéralités, la fausseté des billets

ne

* Le renvoi.

ne peut plus être un problême. Et qui a commis le faux ? C'est sans doute celle qui cherchant à faire valoir ces libéralités, leur a donné une *caufe fauffe*, & qui, pour la perfuader, n'a pas rougi de s'avilir elle-même. PREMIER INDICE. *Dolus colligitur ex falfis perfuafionibus.*

Venons aux libéralités ; & d'abord voyons dans quelle circonftance, on fuppofe que M. le Maréchal de Richelieu a donné à Madame de Saint-Vincent le premier mandat de 300,000 livres ? il faut la copier elle-même : c'en fera affez pour faire fentir le ridicule de la fable qu'elle a imaginée.

« Faut-il que je rappelle le trifte état où je me trouvai ré-
» duite à mon arrivée à Paris ? Logée à un troifieme étage,
» ne vivant moi & ma Femme de chambre que de pain &
» d'eau ; il vient me voir dans ma chétive demeure : je me
» jette à fes genoux, je le conjure avec larmes de me délivrer
» de la fituation affreufe où je fuis plongée. Il me femble le
» voir & l'entendre encore. Il s'attendrit fur mon fort. Je le
» vis prendre une plume & du papier, & fur ma toilette & de
» fa propre main, il écrivit un mandat de cent mille écus dans
» la forme fuivante : *Je prie M. Pefchot de donner à Madame*
» *de Saint-Vincent les cent mille écus qui lui appartiennent,*
» *dont je le tiendrai quitte pour toujours* ». Pag. 71 du Mém. intitulé : *Réponfe.*

Il faut rapprocher de ce texte, ce que dit encore Madame de S. Vincent quatre pages après, en parlant de ce mandat. *Une page d'almanach, un chiffon de papier ne font pas plus un titre de 300,000 l. que ce mandat informe en étoit un*, pag. 77, *ibid.*

Joignons auffi l'aveu fait par Mad. de S. Vincent dans tous fes interrogatoires, qu'en lui donnant ce mandat, M. le Maréchal

B

de Richelieu *l'avoit menacée de la perdre si elle le livroit à la négociation*, pag. 72, *ibid.*

Et tout cela posé, calculons les absurdités de cette fable.

La parente de M. le Maréchal de Richelieu, l'objet de sa vive tendresse, *est réduite au plus triste état ;* elle ne vit, *elle & sa Femme de chambre, que de pain & d'eau depuis quinze jours.* Et par *pitié,* par *charité,* M. de Richelieu lui donne un mandat de cent mille écus !

Il lui donne ce mandat pour la secourir dans *ses plus pressans besoins.* Et il lui défend de le *négocier !*

Il s'attendrit sur le sort de Madame de Saint-Vincent ; l'humanité le sollicite pour elle. Et dans ce moment d'attendrissement, il se joue de sa crédulité, comme de son infortune, en lui donnant un titre qui n'équivaut pas à *une page d'almanach,* qui n'est qu'un *chiffon de papier !*

Toutes ces absurdités ne sont-elles donc pas autant de nouveaux indices ? *Dolus colligitur ex falsis suppositionibus.*

La nécessité ne connoît pas de loi : sans doute, malgré la défense de négocier, Madame de Saint-Vincent cherchera à tirer parti de ce mandat. Voyons l'usage qu'elle en fait.

1°. Elle *ne présente point le mandat au Banquier* sur lequel il est tiré : elle ne s'informe pas même s'il l'acceptera, s'il le paiera, en tout ou partie : elle est convenue de tout cela dans ses interrogatoires (1).

2°. Elle écrit au sieur Peschot *pour le prier de lui prêter* 1200 *liv.* Ce Banquier s'y refuse ; & elle ne saisit pas du moins ce moment *pour lui parler du mandat.* Cela est encore prouvé & avoué (2).

---

(1) Art. 17 du premier interrogatoire.
(2) Art. 21, *ibid.*

3°. Elle préfere de mourir de faim auprès de ce tréfor ; & quelques jours après, elle prétend n'avoir pu obtenir, de ce parent fi prodigue en billets, qu'un modique fecours de *fix louis* qu'il lui donna *comme par forme de charité*. Ce font encore les termes de fon 1er interr. (1).

Si ce ne font pas là autant *d'indices* de *fauffetés*, à quoi reconnoîtra-t-on déformais l'impofture ?

LE PREMIER mandat eft donc faux. Sa *caufe* eft fauffe : la circonftance dans laquelle on dit qu'il a été donné, le rend *invraifemblable* : enfin *l'ufage* que Madame de Saint-Vincent prétend en avoir fait, en prouve de plus en plus la fauffeté.

De-là naît une conféquence bien importante.

Si le premier mandat eft faux, *les billets dont il s'agit aujourd'hui le font néceffairement*, & l'auteur du faux de l'un eft l'auteur du faux des autres. En effet, une même chaîne lie tous ces mandats & billets. Suivant Madame de Saint-Vincent, un fecond mandat a été fubftitué au premier : un billet à ordre a pris la place du fecond mandat ; enfin le billet à ordre a été échangé contre les billets argués de faux. Tous ces échanges fucceffifs forment la fable que nous réfutons. Si donc on brife un feul chaînon, la chaîne entiere fe rompt & s'anéantit. Si le premier mandat, ou le fecond, ou le billet à ordre ont été fabriqués par Madame de Saint-Vincet, les billets actuels font néceffairement le fruit de fon crime.

Nous fupplions les Magiftrats de ne pas perdre de vue cette réflexion. Elle aura la même application à chacun des effets, qui prendront fucceffivement la place des effets précédens.

____

(1) Page 72 de la Rép.

« Le premier mandat », continue Madame de Saint-Vincent (1), « n'étoit qu'un *barbouillage* fur lequel je n'aurois pu » trouver un fol. Un Avocat à qui je le fis voir, m'en fit re-» marquer la forme illufoire. Je le fis remarquer à mon tour » à M. le Maréchal, qui confentit alors à me donner un autre » mandat de pareille fomme fur le même Banquier, *& il me » fit les plus féveres défenfes d'en parler, me menaçant de me » perdre, fi je le livrois à la négociation* (ibid) ».

Si le premier mandat n'étoit qu'un *barbouillage*, M. le Maréchal de Richelieu n'avoit donc voulu que fe débarraffer des importunités de Madame de Saint-Vincent, & non lui faire un préfent magnifique.

Cependant par un contrafte incroyable, le voici qui, tout-à-coup & fans effort, fubftitue à ce *barbouillage* un *titre en bonne forme de la même valeur.* Le feul fens commun ne repouffe-t-il pas de pareilles invraifemblances ? Il n'admettra pas davantage, la *Confultation* prétendue faite fur un titre qu'il n'étoit queftion que de préfenter au Banquier, pour favoir s'il l'accepteroit; ni la fuppofition que pour fecourir une femme qui étoit dans la plus profonde mifere, M. le Maréchal de Richelieu, au lieu de lui donner quelques fecours en argent, fe foit porté à s'avouer fon débiteur de 300,000 livres, en lui défendant, *avec menace de la perdre,* de fe fervir de cet effet, & de le négocier.

Il est encore plus extraordinaire, de voir comment ce fecond mandat eft parvenu à Madame de Saint-Vincent. C'eft ici fur-tout qu'elle brille de franchife.

______

(1) Art. 22, *ibid.*

A la page 6 de fon 1ᵉʳ interr. imprimé, elle dit : qu'*ayant fait faire le modele par écrit de ce fecond mandat , elle l'ENVOYA à M. le Maréchal, le priant de vouloir bien le figner, & qu'elle déchireroit l'autre.* Elle ajoute, à l'article 18 , que cet envoi fut fait AU MOIS D'AVRIL *1773.*

Voilà une verfion. En voici une autre dans fa Requête imprimée , *fignée* d'elle & de fon Procureur.

AU MOIS DE JUILLET 1773, *la Suppliante* REPORTA *ce chiffon* (le premier mandat) *à M. le Maréchal , & le déchira devant lui :* il CONSENTIT DE LUI DONNER *un billet au porteur fur le même Banquier, mais fous la condition qu'elle n'en parleroit à qui que ce foit, la menaçant de la perdre fi elle ofoit le livrer au commerce: & pour être plus certain que cette largeffe apparente n'éclateroit pas , il lui fit promettre qu'elle iroit demeurer à Bordeaux , &c.*

Voilà une converfation fuivie. Les Parties font en préfence. Madame de Saint-Vincent *reporte* le premier mandat, le *déchire ;* & M. le Maréchal lui *donne* un billet fur le même Banquier. Ainfi, fuivant cette Requête, le fecond mandat fut *remis* de la main à la main ; & fuivant l'interrogatoire, il avoit été *envoyé.* La *remife* fe fit *en Juillet.* L'*envoi* fe fit *en Avril.* Peut-on rien de plus concordant ?

Madame de Saint-Vincent, après y avoir bien réfléchi , s'eft fiéxe, en derniere analyfe, à l'*envoi.* Elle prétend que fon Procureur a mal faifi dans fa Requête, le narré qu'elle lui avoit fait. Elle en appelle à fon interrogatoire ; & pour preuve de cet *envoi,* elle cite une lettre de M. le Maréchal, dans laquelle il lui écrivoit: *Tirez-vous d'affaire avec cette lettre-de-change que je vous envoie.* Cette *lettre - de - change ,* dit - elle dans fes deux derniers Mémoires, *n'étoit pas autre chofe que le fecond mandat.*

Malheureusement pour elle il se trouve, dans les lettres qu'elle a produites, deux autres lettres arguées de faux, dans lesquelles elle se faisoit également annoncer, par M. le Maréchal, l'*envoi du mandat*; de maniere que, s'il faut l'en croire, il s'en suivra que ce second mandat lui aura été envoyé trois fois·

Une de ces lettres, qui est la 9ᵉ du dépôt de Lafitte, porte : *Je vous* ENVOIE *votre mandat avec des lettres qui vous feront encore plus de plaisir, &c.*

Dans l'autre, qui est la 34ᵉ du même dépôt, elle faisoit dire à M. le Maréchal : *Je vous* ENVOIE *ce billet ; ne le préven̄ pas, pour éviter un grand mal, &c.*

Il est impossible d'équivoquer sur l'application de ces lettres, ni d'alléguer, qu'elles avoient rapport à différens mandats ou billets. Le premier mandat avoit été, suivant Madame de Saint-Vincent, *fait chez elle* : elle l'a toujours attesté *. Les trois billets au porteur, qui prendront bien-tôt la place du second mandat, ont eu, comme on le verra, une *lettre d'envoi particuliere* *. Enfin, elle a encore déclaré dans son interrogatoire, que les dix derniers billets lui avoient été *remis de la main à la main* *. Ce n'est donc que du *second mandat* qu'on peut entendre ces deux lettres. Et puisque Madame de Saint-Vincent veut que la *lettre-de-change*, ne fût encore autre chose que le second mandat, il faut conclure que ce mandat, qualifié tantôt, de *lettre-de-change* tantôt de *billet*, & tantôt de *mandat*, lui aura été REMIS une fois *en Avril*, & ENVOYÉ trois fois *en Juillet*. Devoit-elle craindre, après tant de précautions pour en assurer l'existence, qu'il pourroit un jour lui échapper ?

L'ABSURDITÉ de cette fable va toujours croissant.

Madame de Saint-Vincent doit périr de faim & de misere,

* Interrog. pag. 6.

* Art. 39 du second interrog.

* Premier interr. pag.

avec ce mandat dont *il lui eſt même défendu de parler.* Cependant huit mois entiers s'écoulent, ſans qu'elle paroiſſe s'occuper, ni de faire *accepter* ce mandat, ni de s'en faire payer, ni même de réclamer les intérêts de ces 300,000 l. ni enfin de tirer de M. le Maréchal d'autres ſecours qui lui tiennent lieu de ces intérêts, & qui l'aident à attendre tranquillement le paiement du capital. Ses beſoins ne la réveillent qu'au mois de Novembre ; & alors que fait-elle ? Ecoutons-là.

« LE ſecond mandat n'étoit pas nul pour la forme; *mais il*
» *l'étoit par ſa trop grande valeur. L'impoſſibilité de le négo-*
» *cier, le rendoit pour moi un titre inutile & vain.* Je priai M.
» le Maréchal de le diviſer en d'autres ſommes moins conſidé-
» rables: je fis faire, par un Avocat, les modeles de ſix billets,
» dont cinq de 60,000 livres chacun, & un autre de 300,000
» livres, & je les envoyai à M. le Maréchal de Richelieu, avec
» la lettre la plus preſſante pour l'engager à ſigner, ou ceux
» de 60,000 livres, ou celui de 100,000 écus». Pag. 72 de la
Réponſe.

Voilà ce que dit aujourd'hui Madame de Saint-Vincent. Il eſt curieux de voir juſqu'à quel point elle a varié ſur ce fait important.

Art. 16 de ſon 1ᵉʳ interr. On lui demande : « Dans quel
» tems M. de Richelieu s'eſt décidé à lui faire le 1ᵉʳ mandat
» de 300,000 livres ſur Peſchot ».

Répond, qu'elle « croit qu'il étoit de la date du mois d'A-
« » vril de l'année derniere (1773) ».

Interrogée, « ſi elle a préſenté ce mandat au ſieur Peſchot,
» & qui lui a dit que la forme n'en étoit pas bonne ».

A dit: « *qu'elle n'a jamais préſenté ce billet au ſieur Peſchot;*

» que c'eſt le ſieur Deſgouttes, Avocat, qui l'a eſtimé de
» nulle valeur ».

Interrogée, « quand le Maréchal a fait le ſecond mandat
» ſur le ſieur Peſchot ».

A dit : « qu'il l'a fait au mois d'Avril 1773, PAYABLE AU
» MOIS D'AOUT OU SEPTEMBRE SUIVANT ; que l'ÉCHÉANCE
» ÍTANT PASSÉE DEPUIS LONG-TEMS, *n'ayant oſé le négocier*
» *auparavant, parce que l'échéance étoit troit* TROP COURTE,
»elle ſe réſolut à demander *les billets à ordre à* LONGUES
» USANCES, *afin de ne jamais inquietter* **M.** *le Maréchal* ».

UNE premiere réflexion ſe préſente d'elle-même.

D'où naît cette contradiction étrange entre les écrits & l'interrogatoire de Madame de Saint-Vincent ?

Dans le Mémoire, point *d'échéance* donnée au ſecond
mandat ; & l'on ne parle que de l'impoſſibilité de *négocier*, à
cauſe de ſa trop grande valeur.

Au contraire, dans les réponſes à l'Interrog., une échéance
donnée au ſecond mandat : *payable au mois d'Août ou de
Septembre.*

Suivant le Mém., elle demande *des billets de ſommes moins
conſidérables pour les négocier.*

Et dans l'Int., elle ne vouloit avoir que des *billets à longues échéances, afin de ne jamais inquiéter M. le Maréchal.*

Reconnoît-on à ces traits le caractere de la vérité & de l'in-
nocence ?

MAIS ce n'eſt-là que le plus léger de nos *indices*. Voici
une *impoſſibilité phyſique.*

Le ſecond mandat eſt donné, dit Madame de Saint-Vincent

cent, *avec l'échéance en Août ou Septembre* 1773. Que fait-elle à cette échéance? Un ami, dit-elle, *lui conseilla de faire protester le mandat. Elle n'en voulut rien faire* (1). Cet ami auroit dû d'abord lui conseiller de présenter le mandat au sieur Peschot *, pour savoir s'il vouloit l'accepter & payer : car on ne proteste qu'en cas de refus d'acceptation ou de paiement. Mais il est constant qu'elle n'a jamais présenté ce mandat au sieur Peschot. *N'a jamais présenté ni parlé de ce mandat au sieur Peschot.* Ce sont les propres termes de sa réponse à l'art. 17. Donc il n'a pas été question de *protester*, & le prétendu *conseil de protêt* est un nouveau mensonge.

Ce n'est pas tout. Puisque ce mandat avoit une *échéance*, qui a empêché Madame de Saint-Vincent de se faire payer à cette échéance? Ce n'est pas le refus du sieur Peschot. Elle ne l'a pas même vu à ce sujet. Ce n'est pas non plus la défense de M. le Maréchal. Madame de Saint - Vincent n'a jamais allégué qu'il lui eût défendu de se faire payer à l'échéance. Qu'est-ce donc? Madame de Saint-Vincent ne le dira pas; mais nous allons le dire pour elle. C'est que le mandat étoit faux, & que le faux étoit son ouvrage. Car si le mandat eût été véritable, étant en *bonne forme*, comme elle le prétend, elle n'auroit pas manqué de se présenter chez Peschot, *en Août ou Septembre.* Sa misere, ses besoins toujours renaissans, ses dettes à payer, celles de Vedel, tout lui auroit fait une loi de mettre en usage une si belle & si légitime ressource. Elle ne se fût pas nourrie *de pain & d'eau*, ayant en main un effet de cent mille écus, *en bonne forme, échu & payable comptant.*

Voilà ce que nous croyons pouvoir appeller une *démons-*

---

(1) Art. 63 du second interrogatoire.

tration phyfique : Et néanmoins nous n'avons pas encore pouſſé jufqu'au bout nos conféquences.

Si l'on en croit le *Mém.*, Madame de Saint-Vincent NE POUVANT *négocier ce mandat à caufe de fa trop grande valeur, elle pria M. le Maréchal de le divifer en plufieurs fommes moins confidérables.*

Si l'on s'en rapporte à l'article 18 de l'int., *l'échéance de ce mandat étant paſſée depuis long-tems, & n'ayant ofé le négocier auparavant, parce que l'échéance étoit trop courte, elle fe réfolut à demander les billets à ordre à longues échéances, afin de de ne jamais inquietter M. le Maréchal.*

Laquelle de ces deux verſions eſt la véritable, & laquelle faut-il réfuter ? Elles font formellement contradictoires ; mais par-deſſus cela, elles font toutes deux abſurdes & fauſſes.

La premiere eſt abſurde, parce que, dès qu'on fuppofe des défenfes éternelles de *négocier*, faites *avec menaces*, il eſt fouverainement ridicule de fuppofer que Madame de Saint-Vincent ait eu l'idée de demander, & que M. le Maréchal ait accordé des *billets réduits à des fommes moins confidérables*, uniquement pour les négocier.

Mais c'eſt à l'Inter. qu'il faut s'attacher. Madame de Saint-Vincent peut défavouer fon Ecrivain : elle ne peut fe défavouer elle-même.

Elle dit qu'elle n'avoit *pas ofé négocier le mandat, parce que l'échéance étoit* TROP COURTE. D'abord, c'étoit précifément ce qui auroit dû le rendre plus négociable. Plus l'échéance d'un billet eſt rapprochée, plus il eſt facile de le négocier. Au furplus, quel remede y cherche-t-elle ? C'eſt de *demander des billets à ordre* A LONGUES ÉCHÉANCES, *afin de ne jamais inquietter* M. le Maréchal. Ainſi, quoique tourmentée par les plus preſſans beſoins, elle ſe défait d'un effet facile à *négocier*, puiſ-qu'il eſt *échu & payable*, pour en demander d'autres, dont la négociation ſera impoſſible. Au lieu d'un mandat *à courte échéance*, elle va en demander d'autres à *longues échéances*. L'extravagance a-t-elle jamais rien enfanté de ſi ridicule ?

Oui : car voici quelque choſe qui révolte encore davan-tage.

C'eſt la contradiction dans laquelle Madame de Saint-Vin-cent ſe trouve avec elle-même au ſujet de ce mandat, dans ſon Inter.

A l'article 4, (page 6 de l'Imprimé *in fine*), elle dit: « L'é-» chéance de ce mandat paſſée, *n'oſant pas demander d'argent* » *à M. le Maréchal de Richelieu* , mais étant ſans le ſol & » obligée de vendre ſes nippes, elle fut conſulter Me de la » Tour Avocat, & lui demanda de lui donner une forme de » billets à longues échéances, mais qui fuſſent en bonne » forme ».

A l'article 18, a dit : « Que l'échéance étant paſſée de-» depuis long-tems, & n'ayant oſé les négocier auparavant, » parce que l'échéance étoit trop courte, elle ſe réſolut à de-» mander les billets à ordre à longues échéances, pour ne » jamais inquiéter M. le Maréchal ».

Quelles étranges contrariétés ! Suivant le Mémoire que nous citions tout-à-l'heure, Madame de Saint-Vincent *n'oſa pas né-gocier le mandat à cauſe de ſa trop grande valeur*. Suivant l'ar-ticle 18 de l'Inter. c'eſt *parce que l'échéance en étoit trop courte, qu'elle n'oſa pas le négocier*. Et ſuivant l'article 4, elle laiſſa paſſer l'échéance, parce qu'elle *n'oſa pas demander d'argent à M. le Maréchal de Richelieu*. Elle n'oſe ni *négocier un effet échu*, ni *s'en faire payer* ; & à l'inſtant elle *oſe* demander de nouveaux billets ; & dans deux mois , elle *ofera* en négocier au fieur Préville ; & dans quatre mois elle *ofera* les négocier tous ! Mais fur-tout , qu'on le remarque bien : fi elle ne fe fait pas payer à *l'échéance* , ce n'eft pas que M. le Maréchal le lui eût défendu , ou que Pefchot s'y fût refufé ; c'eft qu'elle *n'ofa pas demander d'argent* à M. le Maréchal , quoiqu'elle *fût fans le fol*. Cela pofé , reprenons notre premier raifonnement : il a acquis une nouvelle force.

L'échéance du mandat tomboit en *Août ou Septembre* 1773; & c'eft en *Novembre* fuivant que Madame de Saint-Vincent forme le projet d'avoir d'autres billets.

Eh quoi ! le mandat eft *échu* , il eft *payable* , & Madame de Saint-Vincent , au lieu de fe faire payer comptant, forme le projet de changer cet effet , qui eft en *bonne forme* , & dont elle a fait *dreffer elle-même le modele par un Avocat* , contre des billets à ordre à *longues échéances* ! & c'eft d'elle-même qu'elle conçoit cette idée, fans en être requife par M. le Maréchal , fans y être conduite par aucun refus , ni de fa part, ni de celle de Pefchot ! Et cette noble idée , ce beau défintéreffe-ment eft le fruit des réflexions d'une femme qui *meurt de faim & de mifere* ! La plume tombe de nos mains. Qu'allons-nous dire encore ? Si la vérité ne brille pas à tous les yeux , elle eft donc bannie de la terre. Il faut renoncer à convaincre les hommes.

AVANT d'aller plus loin, rappellons une réflexion bien im-portante que nous avons déjà faite , mais que nous ne pouvons trop répéter.

Madame de Saint-Vincent a *enchaîné* elle-même toutes les prétendues libéralités de M. le Maréchal de Richelieu. Le premier mandat a appellé le fecond : celui-ci a fait germer le troifieme, lequel a produit à fon tour les dix billets argués de faux. Quoique les premiers mandats & billets n'exiftent plus, les derniers font leur *repréfentation.* Il faut donc, pour que les dix billets foient vrais, qu'il n'y ait pas un feul des mandats qui foit faux. Cependant qu'avons-nous déjà démontré ? Il eft prouvé que le premier mandat eft *faux dans la caufe* qu'on lui donne, *faux dans la circonftance* dans laquelle on prétend qu'il a été donné, *faux dans le contexte* qu'on lui fuppofe, *faux par l'ufage* qu'en a fait Madame de S. Vincent. La fauffeté du fecond mandat eft encore plus frappante. Entre mille preuves qu'on vient d'établir, une feule eft décifive. Il étoit, dit-on, *échu ?* & Madame de Saint-Vincent, loin de s'en faire payer, a, de fon propre mouvement, demandé, à la place, des billets *à longues échéances.* Elle ment à Juftice. C'eft parce que fon prétendu mandat étoit faux, qu'elle ne s'en eft pas fait payer. Mais fi ces deux mandats, fi l'un des deux feulement eft faux, ceux qu'elle va fuppofer lui avoir été donnés en échange, font auffi néceffairement faux, & nous pourrions nous écrier avec affurance : *Caufa finita eft.* Pourfuivons cependant.

On a vu dans le récit du Mémoire intitulé, *Réponfes,* que Madame de Saint-Vincent demanda à M. le Maréchal de lui donner, au lieu du *mandat qui ne pouvoit fe négocier à caufe de fa grande valeur,* cinq billets de 60,000 livres, ou un nouveau billet de 300,000 livres. Elle *lui envoya,* dit-elle, *le modele de ce billet de* 300,000 *liv. pour qu'il le fignât, s'il ne vouloit pas figner les cinq billets de* 60,000 liv.

Conçoit-on encore quelque chofe à cette fable ? Que Madame de Saint-Vincent demande cinq billets de 60,000 liv.

Converfion du fecond mandat en un billet à ordre & deux billets de 60,000 livres.

au lieu d'un mandat de 300,000 livres, cela s'explique & ne choque pas la vraisemblance ; mais il est impossible d'expliquer pourquoi elle auroit demandé à M. le Maréchal, en cas qu'il ne voulût pas signer les cinq billets, de lui envoyer *un nouveau billet de* 300,000 liv. Le second mandat de cent mille écus, qu'elle avoit en sa possession, étoit *bon dans la forme*. Elle le dit elle-même. C'étoit elle qui en avoit fait *rédiger le modele par un Avocat*. Il étoit donc inutile de le faire remplacer par un billet de pareille somme. Madame de Saint-Vincent n'avoit qu'une seule chose à proposer à M. le Maréchal : c'étoit de lui renvoyer le mandat, s'il ne vouloit pas donner les cinq billets de 60,000 liv. Toute autre supposition est une absurdité.

Elle continue : « Le paquet contenant les six billets de » 60,000 liv. fut porté par le sieur Vedel lui-même à l'hôtel » de M. le Maréchal. Il le remit lui-même au Suisse, & le » lendemain matin, un Laquais de M. le Maréchal, vêtu de » sa livrée, me rapporta le paquet cacheté. C'étoit un jour de » Fête ou de Dimanche. J'ouvre le paquet à la hâte. J'apper- » çois trois billets signés, celui de 300,000 livres & deux de » 60,000 livres ».

Il faut ajouter à ce récit du dernier Mémoire quelques circonstances que Madame de Saint-Vincent & les autres Accusés taisent aujourd'hui, mais qu'ils ont eux-mêmes consignées dans leurs interrogatoires.

Madame de Saint-Vincent & le sieur Vedel ont déclaré qu'en envoyant les billets tout dressés, ils y avoient mis eux-mêmes *les échéances.*

Ils ont, ainsi que l'Abbé Froment, fixé l'époque de cet

envoi du paquet au 12 *Novembre* 1773 , & du renvoi *au* 13 *au matin* (1)

Enfin ils ont dit qu'en renvoyant les billets fignés , M. le Maréchal y avoit joint une lettre dans laquelle il marquoit que *l'un des billets de* 60 *mille livres étoit pour payer les dettes du tiers*, c'eft-à-dire , du fieur Vedel (2).

Voilà le fait entier , tel qu'ils l'ont attefté d'abord fous la religion du ferment. Comptons encore , s'il eft poffible , toutes les fauffetés & les invraifemblances qu'il renferme.

1°. L'allégation du contenu de cette lettre eft une fauffeté. Voici ce qu'elle portoit , fuivant Madame de Saint-Vincent (art. 30 du 1er inter.) « Je vous envoie , ma chere Coufine , » votre billet tout figné , & deux. Vous payerez vos dettes » avec l'un , & vous *donnerez l'autre à votre Tiers pour le* » *payer* de ce que vous lui devez. Tout ce que je vous de- » mande , *c'eft de n'en vendre aucun, & de n'en parler à per-* » *fonne d'un an* ».

Quel tas d'abfurdités ! Madame de Saint-Vincent ne de- mande ces nouveaux billets à la place du mandat *que pour les négocier ?* M. le Maréchal , de fon côté , perfifte à ne pas vou- loir lui donner des billets négociables ? Et néanmoins il fe détermine à lui donner deux billets de 60,000 liv. *pour payer fes dettes , & s'acquitter envers le fieur Vedel !* Ainfi M. le Maréchal veut & ne veut pas ! Il *défend de négocier*, & il donne des effets négociables ! Il ne veut pas qu'*on vende* pour faire de l'argent , & il veut bien qu'on emploie les billets *à*

---

(1) Art. 27 & 28 du premier interrogatoire , & art. 111 du deuxieme.

(2) Art. 39 du deuxieme interrogatoire.

payer les dettes ! Fut - il jamais inconséquences d'une telle espece ?

2°. Ecartons cette lettre dont la fausseté est si évidente, & l'invraisemblance augmentera encore.

Madame de Saint-Vincent vouloit négocier. C'étoit dans cette intention qu'elle demandoit des billets au lieu du mandat. M. le Maréchal de Richelieu donne deux billets. Il consent donc du moins que ces deux billets soient négociés. La conséquence est nécessaire. Cependant Madame de Saint-Vincent n'a cessé de dire, d'imprimer & d'avouer qu'elle n'avoit reçu aucun effet de M. le Maréchal, qu'*avec des défenses expresses de le négocier.* Elle a prétendu que la colere de M. le Maréchal de Richelieu n'étoit venue que *de ce qu'elle avoit négocié.* Enfin quand elle a voulu interpréter cette fameuse lettre qu'elle écrivit à M. le Maréchal dans le premier moment où elle se vit déconcertée, elle a soutenu qu'il ne résultoit de cette lettre, qu'une preuve des *défenses que M. le Maréchal lui avoit toujours faites de négocier.* Il n'est donc pas vrai que M. le Maréchal lui ait jamais donné les deux billets dont il s'agit, dont la destination expresse auroit été d'être négociables. Ces billets sont donc faux ; tous les autres le font également ; & c'est toujours Madame de Saint-Vincent qui se montre elle-même l'auteur du faux, par la fausseté des faits qu'elle avance au soutien de ces billets.

3°. Il a été produit au procès trois lettres écrites précisément à cette époque, & qui toutes sont inconciliables avec les faits qu'on avance.

La premiere est de Madame de Saint-Vincent ; elle est sans date, mais elle est adressée à M. le Maréchal à Fontainebleau, & Madame de Saint-Vincent y parle *des fêtes pour le mariage*

de

de M. le Comte d'Artois. Ainsi la lettre est nécessairement des premiers jours de Novembre. Or, non-seulement Madame de Saint-Vincent n'y parle en aucune maniere de *mandat* ni *de billets ;* le langage de cette lettre détruit au contraire toute idée de libéralité nouvelle demandée à M. le Maréchal de Richelieu. Elle lui marque *qu'elle sera bientôt à même de satisfaire à tout ce qu'elle lui doit.* Cette reconnoissance n'est-elle pas inconciliable avec l'idée d'une libéralité, & sur-tout d'une libéralité de l'espece de celle dont il s'agit ?

Ce n'est pas là une simple *présomption* ; c'est une preuve sans réplique que Madame de Saint-Vincent ne songeoit point alors à demander, ni M. le Maréchal à donner, quatre cens vingt mille livres. Les billets sont donc faux, & c'est Madame de Saint-Vincent qui a commis le faux.

La seconde lettre est écrite par M. le Maréchal à Madame de Saint-Vincent ; elle est datée de *Fontainebleau* 13 Novembre ; c'est Madame de Saint-Vincent qui l'a produite elle-même. La Cour est suppliée de la lire ; elle verra qu'il n'y est encore fait aucune mention des billets, & que les détails qu'elle contient écartent absolument l'idée de l'acte de prodigalité qu'on suppose que M. le Maréchal a fait ce jour-là même.

Enfin, la troisieme lettre est de M. l'Evêque de Tarbes à M. le Maréchal de Richelieu ; elle est du 26 Novembre 1773, & elle prouve que M. le Maréchal *sollicitoit la médiation de cet Evêque, pour engager la famille de Madame de Saint-Vincent à payer les dettes qu'elle avoit faites à Poitiers.* Qu'on accorde encore, s'il est possible, avec la profusion de billets & d'argent, qu'on suppose, ce soin, ces sollicitations de M. le Maréchal pour une dette modique que Madame de Saint-Vincent, riche de 410,000 livres, auroit été bien en état d'acquitter elle-même.

D

Ces premieres circonſtances détruiſent la poſſibilité du fait. En voici d'autres qui ne lui laiſſent pas même la vraiſemblance.

Et d'abord, comment ſe perſuader qu'une femme *timide*, *mourant de faim*, implorant *la charité de M. le Maréchal*, change tout-à-coup, pour ainſi dire, & de nature & de langage, & que faiſant la loi à M. le Maréchal de Richelieu, elle lui envoie des billets *tout dreſſés*, *& avec des échéances fixées*, ſans l'avoir ſeulement conſulté ?

Qui croira que M. le Maréchal qui s'étoit joué d'abord, ainſi qu'on eſt forcé de le ſuppoſer, de la crédulité de Madame de Saint-Vincent, en lui donnant un *chiffon de papier de nulle valeur*, ſe détermine tout-à-coup, ſans ſéduction, ſans efforts, étant même à quatorze lieues d'elle, à lui envoyer un nouveau billet de 100,000 écus, & à y joindre, ſans en être requis, deux billets de 60,000 livres ?

Et la deſtination d'un de ces *billets pour payer les dettes du ſieur Vedel*, de bonne foi, qu'en peut-on penſer ? Eſt-ce auſſi pour tromper cet Officier, pour ſe jouer de ſa crédulité, que M. le Maréchal de Richelieu aura voulu ſe montrer généreux ? Et généreux envers qui ! envers un homme qu'il connoiſſoit à peine, qu'il n'avoit vu qu'en paſſant & en maiſon tierce, qui n'étoit ni ſon ami, ni ſon protégé, ni ſon parent, ni ſon confident, & au ſujet duquel M. le Maréchal *avoit envoyé promener Madame de Saint-Vincent lorſqu'elle le ſollicitoit pour lui*. N'eſt-ce pas toujours le cas de dire avec la Loi, *ea quæ ſunt irrationabilia non ſunt præſumenda ?*

La fable éclate donc de toutes parts. Cette fable eſt l'ouvrage de Madame de Saint-Vincent ; elle eſt donc auſſi l'auteur du faux , au soutien duquel elle a imaginé cette fable. *Cùm extrema probata sunt* , dit Menochius , *nempe principium & finis , media ipso jure præsumuntur* , Lib. 6. Præf. 36.

Mais voici deux autres indices, dont chacun est une véritable preuve, une présomption *juris & de jure*.

Madame de Saint-Vincent prétend , avec raison , que *c'est elle ou M. le Maréchal qui a fait le faux*. Mais comment n'at-elle pas réfléchi, que l'impossibilité qu'il vînt de M. le Maréchal , le rejettoit nécessairement sur elle ? Elle a déclaré & répété dans ses interrogatoires , & dans ses Mémoires , *qu'elle avoit vu M. le Maréchal signer les deux premiers mandats de 300,000 livres , l'un dans son Couvent , l'autre à l'Hôtel de Richelieu*. Suivant elle, M. le Maréchal a donc voulu la gratifier de 300,000 livres. Si cela est , il est impossible de supposer qu'il eût voulu la tromper ensuite, lorsqu'il lui auroit donné le billet faux de 300,000 livres : encore moins, qu'il eût envoyé deux billets de 60,000 liv. revêtus d'une fausse signature , lorsqu'on ne les lui demandoit même pas. Ces faux n'auroient eu ni objet , ni motif, ni intérêt de la part de M. le Maréchal de Richelieu. Ce n'est donc pas lui qui les a commis : *nemo gratuitò malus*. Ces faux ne peuvent donc être imputés qu'à ceux qui ont eu intérêt de les commettre : ils ne peuvent avoir été commis que par Madame de Saint-Vincent & par Vedel.

Enfin un *alibi* prouvé démontre l'impossibilité de l'envoi & du renvoi des billets.

Le 13 , jour de l'envoi des billets, fixé par Madame de

Saint-Vincent & l'Abbé Froment, dans leurs premiers Inter. ; *M. le Maréchal de Richelieu étoit allé à Nemours pour complimenter la Princesse qui devoit épouser M. le Comte d'Artois. Le lendemain* 14, *il rejoignit le Roi & l'accompagna pour aller au-devant de la Princesse : il ne quitta pas le Roi, & il revint à Choisy où il soupa & coucha. Le* 15 *il se rendit à Versailles.* Tous ces faits sont constans, sont notoires & prouvés.

Les accusés avoient placé l'époque de l'envoi des billets au 13 Novembre, parce qu'ils étoient fermement persuadés que M. le Maréchal étoit alors à Paris. Ils l'ont dit expressément dans leurs Inter. Quand ils ont vu la preuve de l'*alibi*, ils ont varié ; & par un nouveau concert aussi suspect que le premier, on les a vu soutenir que l'envoi avoit été fait dans les premiers jours de Novembre. Mais *les variations* des accusés sont un nouvel *indice* du crime : *Est conjectura quando quis dixit mendacium.* L. Si quis affirm. §. 1. ff. de dolo.

L'Auteur anonyme du Mémoire intitulé *Réponse*, a pris une autre tournure pour esquiver cette présomption accablante. *Une gazette*, dit-il, *pour prouver un* ALIBI ! *Un* ALIBI *de Paris à Fontainebleau ! En vérité, c'est une dérision.* N'est-ce pas s'avouer vaincu que de se défendre ainsi ? C'est cette réponse qui paroîtra sans doute *dérisoire* ; & tout homme raisonnable, fût-il le plus prévenu, le plus passionné, le plus aveugle, ne se permettra jamais de douter d'un fait de cette certitude & de cette notoriété.

La preuve de l'*alibi* n'est pas une simple *conjecture*, une simple *présomption*, c'est une preuve légale, & la preuve la plus décisive, parce qu'elle est la moins suspecte. Et que résulte-t-il ici de cette preuve ? 1°. Que Madame de Saint-Vincent

n'a pas envoyé les billets à M. le Maréchal pour les signer.
2°. Que M. le Maréchal ne les a pas renvoyés signés de lui.
3°. Que ces billets ont été signés par un autre. 4°. Enfin que
cet autre ne peut être que Madame de Saint-Vincent, convaincue de fausseté, dans la double circonstance par elle avancée, de l'envoi & du renvoi des billets.

Neuf mois sont déjà écoulés, & pour secourir sa chere *Dernier échange.*
cousine, sa parente la plus tendrement aimée, & en même
tems la plus infortunée, qu'a fait jusqu'à présent M. le Maréchal?
Des choses fort bizarres sans doute, & même incroyables. Il lui
donne *six louis en argent : rien de plus*, dit-elle. — Mais il lui
a donné des mandats & billets pour 420,000 livres, *avec défenses d'en faire aucun usage, même d'en parler.*

Il falloit supposer ces *défenses*, quoiqu'inconciliables avec
les *pressans besoins* de Madame de Saint-Vincent, & avec la
destination même des billets, (*vous paierez vos dettes avec
l'un, & l'autre vous servira à vous acquitter envers Vedel*),
pour sauver mille autres inconséquences dont nous parlerons,
& sur-tout pour pallier, pour excuser la clandestinité des négociations.

Cependant, malgré ces défenses, il est prouvé au procès,
que Madame de Saint-Vincent voulut emprunter sur l'un des
mandats 24.000 livres, & que, dans cette vue, elle le fit
revêtir d'une *fausse acceptation*. Nous aurons lieu bientôt de
parler de ce fait avec plus de détail.

Madame de Saint-Vincent ne fut pas plus fidelle observatrice des défenses qu'elle dit que M. le Maréchal lui avoit
faites par son billet du 14 Novembre, *de ne vendre aucuns
de ses billets, & même de n'en parler à personne.*

Dès le même mois elle charge Vedel & Benavent de négocier un des billets de 60,000 livres. C'est un sieur de Préville qui l'achette moyennant 20,000 livres d'argent , & 40,000 liv. de rescriptions qui perdoient 27 pour cent. Le sieur de Préville se fit payer en outre un escompte de six pour cent. De sorte que Madame de Saint-Vincent n'a retiré de cette négociation que 43,800 livres.

La fraude se met encore ici à découvert , & ce fait fournit deux nouveaux INDICES.

D'abord il est hors de toute vraisemblance que Madame de Saint-Vincent , qui attendoit tout de M. le Maréchal, & qui *craignoit* , dit-elle , tout de lui , se fût portée à négocier ses billets , contre les défenses réitérées qu'il lui en avoit faites. Elle a beau dire que la *nécessité* l'y a déterminée ? Cette nécessité auroit pu la conduire à demander à M. le Maréchal quelques légers secours en attendant l'échéance des billets. Cette nécessité auroit pu encore l'engager à quelques tentatives pour faire lever les défenses de négocier. Mais ne tenter ni l'un ni l'autre de ces moyens , & faire précipitamment & clandestinement une négociation qui auroit été expressément interdite , c'est choquer toute vraisemblance. Une telle conduite devient une nouvelle preuve du faux.

La nature de la négociation en est une autre preuve.

Madame de Saint-Vincent donne pour 43,800 livres un effet de 60,000 livres. Il y a eu dans la suite d'autres négociations d'un plus vil prix encore.

Pour sauver cette invraisemblance, l'Ecrivain de Madame de Saint-Vincent a dit des absurdités & des injures : « Le nom » de M. le Maréchal n'a pas grand cours dans le commerce ;

» prefque tous les acquéreurs le redoutent. Ils vous parlent de
» fubterfuges, de délais, de difficultés. Ils ne veulent pas même
» entrer en compofition (1) ». Dans la vérité, il n'y a jamais eu
un billet de M. le Maréchal fur la place. Son Notaire l'attefta
aux fieurs Vedel & Benavent, quand ils furent lui préfenter un
des billets ; & la meilleure preuve de *la fauffeté* de ceux de
Madame de Saint - Vincent, eft le peu de valeur qu'elle y
a mis.

Pour entamer de plus grandes négociations, Madame de
Saint-Vincent comptoit fur deux événemens prochains, ou le
départ de M. le Maréchal de Richelieu pour fon Gouvernement, ou fa mort.

Sa mort ! Oui fans doute. Eh, de quoi n'eft pas capable
celui qui s'eft permis un premier crime ? Tous les autres
font dans fon cœur. Mais cette conjecture horrible eft d'ailleurs
appuyée de faits . . . . . Ne parlons que de ceux qui font
prouvés. Madame de Saint-Vincent n'écrivoit-elle pas à Benavent, dans un des billets qui font produits, & qui fera rapporté
ci-après : « Je n'attends pas fon retour pour figner les billets,
» *parce qu'il pourroit mourir* ; il faut, en attendant, gagner
» tout ce que nous pourrons ». L'Abbé de Trans n'a-t-il pas
imprimé dans fa Requête, ce difcours que lui adreffa Madame
de Saint-Vincent, en lui montrant le billet de 100,000 écus :
« C'eft un don que me fait mon coufin ; mais ce don, *je ne de-*
» *vois le recevoir qu'après fa mort. Et c'eft pour cela que l'é-*
» *chéance eft à trois ans* ». Perfonne ne croira que ce calcul
eût été fait par M. le Maréchal de Richelieu. Celle qui calcu-

____

(1) Page 26 des Rep.

loit ainfi la vie de fon bienfaiteur, eft la même qui écrivoit à on confident : *J'ai un terrible pas à faire ; je ne fais comment je m'y prendrai.* Madame de Saint-Vincent étoit perfuadée, lors du dernier voyage de M. de Richelieu à Bordeaux, *qu'il* n'en reviendroit pas. Elle l'a dit à un témoin qui pourroit en dépofer.

Ce fut effectivement immédiatement après ce départ, & prefque au même inftant, qu'elle entama les plus fortes négociations. Mais, avant d'en parler, il faut rendre compte du dernier échange de billets qu'elle prétend avoir fait avec M. le Maréchal à cette même époque : c'eft la derniere partie de fon Roman. Le faux y éclate de toutes parts, comme dans tout ce qu'on vient de voir ; & il s'y montre toujours comme le propre ouvrage de Madame de Saint-Vincent.

<table>
<tr><td>Converfion du
billet à ordre en
petits billets.</td><td>

A la feconde féance de fon 1er Inter. elle raconte : « Qu'au » mois de Fév. ou de Mars dernier (1774), *voyant que le billet* » *de 100,000 écus étoit trop fort pour efcompter, elle l'a fait ré-* » *duire en petits billets* qu'elle a portés ou fait porter (ne fe rappelle lequel des deux), chez M. le Maréchal de Riche- » lieu. Qu'étant allée chez lui le lendemain ou le furlendemain, » elle lui dit : Vous ne m'avez pas oubliée, mon coufin. Non, » dit-il, & voilà vos billets. *Mais prenez garde, vous êtes une* » *mauvaife tête, n'allez pas faire la folle en les vendant ou en* » *les donnant ;* qu'elle lui promit, mais ne lui a pas tenu parole. » Qu'en effet, deux ou trois jours après, elle en a donné à vendre » au *fieur Abbé de Trans---, au fieur Vedel---, au fieur Bena-* » *vent ;* que celui-ci les a donnés à un Ufurier qui en a répandu » des copies qui ont couru fur toutes les Places, &c ».

</td></tr>
</table>

(A la féance du 8 Août, elle place l'époque de cette derniere

niere converfion des billets, à la fin de Février ou au commencement de Mars 1774.

Le Lieutenant - Criminel lui demande, « comment il eft
» poffible que M. le Maréchal fe foit mis à découvert de
» 1,325,000 livres, en lui faifant un premier mandat dé
» 300,000 livres, un fecond de pareille fomme, une billet de
» 300,000 livres, & deux billets de 60,000 livres, & enfin en
» lui remettant dix billets, faifant enfemble 305,000 livres
» fans qu'il paroiffe qu'à chaque échange elle ait remis le pre-
» mier billet ou mandat ».

Elle répond : « que tout le monde lui a vu déchirer le pre-
» mier mandat...... Que quand au fecond mandat, il a pa-
» reillement été déchiré, parce qu'il étoit barbouillé; qu'elle
» *croit* en avoir envoyé les morceaux à M. le Maréchal. Quant
» au troifieme billet, elle l'a déchiré en préfence de M. le Ma-
» réchal lui-même ».

On lui obferve, « que dans l'état où elle fe repréfente en ar-
» rivant à Paris, n'ayant pas de *pain*, obligée de *vendre fes*
» *nippes*, il paroît extraordinaire que M. le Maréchal, qui
» pouvoit, avec vingt-cinq ou trente louis, appaifer fes be-
» foins preffans & néceffiteux, ait mieux aimé laiffer fubfifter
» ces befoins, & les rendre en quelque façon plus preffans, en
» lui remettant un billet de 100,000 écus, le renouvellant juf-
» qu'à trois fois, & y ajoutant d'autres billets, mais toujours
» en lui défendant d'en faire ufage & de les négocier avant
» une année.

» *A dit*, que M. le Maréchal *lui a donné ces billets dans la*
» *confiance qu'elle n'en feroit aucun ufage,& fans intention de les*
» *payer jamais*, mais feulement pour fe débarraffer des inftances

» de la Répondante qu'il avoit fait venir à Paris , & à qui il
» ne vouloit rien donner.

» Et s'étant fait relire cette réponse , a ajouté, qu'elle
» n'a pas cru que le Maréchal lui paieroit jaimais les billets en
» totaliré, mais qu'il lui donneroit quelques sommes pour ra-
» cheter lesdits billets. ·

» *Sommée* de nous déclarer si elle a fourni la valeur, ou si
» elle prétend que ce soit un présent.

» *A dit*, n'avoir pas dit qu'elle eût fourni la valeur.....
» *Que M. le Maréchal l'a forcée de venir à Paris*, où la dé-
» pense est plus forte qu'ailleurs ; que de plus, M. le Maréchal
» étant à Poitiers avec elle Répondante, *il s'y passa quelque*
» *chose de particulier entr'eux , & qu'il doit bien se rappeller*
» pour raison de quoi il lui promit 100,000 écus.

» *Ajoute*, qu'elle a des lettres en sa possession , qui prouvent
» le fait.

» *Interrogée*, si M. le Maréchal ne lui a pas donné quelques
» secours d'argent depuis qu'elle est à Paris.

» *A dit*, qu'une feule & unique fois elle a reçu de M. le
» Maréchal, six louis, *après les lui avoir demandé comme une*
» *charité* ».

Remarquons d'abord la fausseté évidente du motif allégué
par Madame de Saint-Vincent, pour faire le dernier échange.

Elle venoit de négocier un billet de 60,000 livres, & elle
avoit touché 43,800 livres. Le besoin, la misere ne la pres-
soient donc plus, & elle n'avoit aucun motif de prévenir l'é-
chéance du billet de 300,000 livres, & de tenter un nouvel
échange de ce billet contre de petits billets.

Cependant ne *pouvant escompter*, dit-elle, le billet de

300,000 livres, elle invite M. le Maréchal à le réduire en petits billets.

Elle vouloit donc tout négocier! Mais, suivant elle-même, M.
le Maréchal vouloit le contraire. Il lui avoit défendu, *avec les
plus fortes menaces, de vendre, même de montrer les billets.* Comment donc auroit-elle osé lui faire cette proposition? Transpor-
tons-nous au moment du colloque qui auroit dû succéder à cette
proposition. M. le Maréchal n'auroit pas manqué de dire à Mme
de S.-Vincent : « Vous abusez de ma patience & de ma complai-
» sance. J'ai réformé, suivant vos desirs, mon premier mandat,
» & je vous en ai donné un second conforme à votre propre
» modele. Ce second mandat vous a déplu, vous avez préféré
» la forme d'un billet, & j'ai encore cédé à cette fantaisie. J'ai
» fait plus, j'y ai joint deux billets de 60,000 livres que vous
» ne me demandiez pas. Aujourd'hui, que voulez-vous encore ?
» *De petits billets,* au lieu du billet de 100,000 écus ? Mais
» qu'en voulez-vous faire? Les négocier ! Quoi ! vous osez
» avoir ce projet, lorsque la condition expresse de tous & cha-
» cun de mes bienfaits a été que vous ne négocierez rien, &
» que vous ne montreriez pas même mes billets à personne.
» Vous voulez donc me compromettre? Vous êtes indigne de
» mes bienfaits ».

Voilà, certes, ce qu'auroit dit M. le Maréchal. Mais Madame
de Saint-Vincent lui fait tenir un langage tout contraire. Suivant elle, M. le Maréchal ne lui a fait aucune question ; il n'a
point été surpris de sa demande; il n'en a pas soupçonné le
motif, & il lui a remis, en dix billets, la valeur du billet de
300,000 livres, même 5,000 livres de plus, en se contentant
de lui dire, *prenez garde, vous êtes une mauvaise tête : n'allez
pas faire la folle en les vendant, ou en les donnant.*

E ij

Fut-il jamais fable plus abſurde & plus groſſiere ? *Ea quæ ſunt irrationabilia non ſunt præſumenda.*

Sa réponſe ſur l'imprudence & la négligence qu'auroit eu M. le Maréchal, en lui laiſſant à la fois pour 1,325,000 livres de titres, montant de tous les prétendus mandats ou billets échangés ; le refus qu'elle fait de nommer *les Ecrivains* dont elle s'eſt ſervi pour écrire le corps des billets ; la complaiſance de M. le Maréchal de ſigner tous ces billets, & d'accepter les *échéances* qu'on y a miſes ſans le conſulter ; la perſévérance de Madame de Saint-Vincent à ſoutenir que M. le Maréchal *l'a forcée de venir à Paris* ; la perſuaſion dans laquelle elle dit avoir toujours été, que M. le Maréchal *n'avoit pas intention de la payer, & qu'il eſpéroit qu'elle ne feroit aucun uſage de ſes billets* ; l'hiſtoire des ſix louis *demandés comme par charité*, par une femme qui, ſelon elle, avoit des droits à la plus grande reconnoiſſance, & qui en avoit déjà pour gage un mandat de 300,000 livres ; tout cela eſt ſi ridicule, ſi contradictoire, ſi invraiſemblable : & ces contradictions, ces invraiſemblances, ces abſurdités, ſont tellement multipliées, qu'on eſt tenté, à chaque inſtant, de s'arrêter & de conclure, *habemus confitentem reum.*

Mais il reſte une circonſtance ſur laquelle nous ne pouvons pas nous permettre de paſſer ſi légérement. C'eſt la date donnée par Madame de Saint-Vincent & le ſieur Vedel à la remiſe de ces derniers billets. Ils la placent *à la fin de Février ou au commencement de Mars :* & ce n'eſt pas ſans raiſon qu'ils ont fait choix de cette époque. Il eſt prouvé, par les dépoſitions des Courtiers, que dès *le mois d'Avril* ſuivant, on a cherché à négocier des billets provenus de ce prétendu dernier échange. Il falloit donc, de toute néceſſité, qu'on ſuppoſât la délivrance faite de ces billets en Février ou Mars. Mais le menfonge fe trahit toujours lui-même. Le fieur Abbé de Trans fe trouve compliqué dans cette affaire. On le décrete, on l'interroge ; & comme il n'eft pas vraifemblablement dans l'intrigue du faux, il a avoué tout bonnement , qu'*au* COMMENCEMENT DE MAI *, *Madame de Saint-Vincent lui avoit fait faire le corps de plufieurs billets deftinés à cet échange , & qu'elle avoit encore à cette époque , en fa poffeffion , le billet de cent mille écus.*

*V. fon Interrogatoire & fa Requéte imprimée.

. Les Ecrivains de Madame de Saint-Vincent ont une maniere bien particuliere de la juftifier ; c'eft d'efquiver tous les faits auxquels ils ne peuvent répondre : & l'on juge bien que celui-ci eft du nombre.

Quoi de plus terrible en effet que cette déclaration de l'Abbé de Trans ! Madame de Saint-Vincent n'a jamais dit que le prétendu échange du billet de 300,000 liv. fe fût fait en deux tems. C'eft , fuivant elle, *le même jour & dans le même inftant* que les dix petits billets lui ont été remis ; il auroit même été impoffible que la chofe fe fût paffée autrement puifqu'on fuppofe qu'il s'agiffoit d'échanger un billet *unique* de cent mille écus, contre autant de petits billets de la même valeur de cent mille écus. Or, comment ont-ils pu lui être remis *en Février ou Mars*, lorfqu'il eft prouvé par la déclaration de celui-même *qui a fait le corps de plufieurs de ces billets*, que *c'eft au commencement de Mai* qu'il les a faits ?

Elle dit qu'en recevant les billets *en Février ou Mars*, elle *a déchiré* le billet de cent mille écus en préfence de M. le Maréchal ; & voilà l'Abbé de Trans qui déclare avoir vu ce billet de cent mille écus dans les mains de Madame de Saint-Vincent *au commencement de Mai*. Eft-il encore quelqu'un qui puiſſe ne pas voir dans ce fait, la preuve la plus claire que c'eſt Madame de Saint-Vincent qui a ſigné de ſa main ces faux billets ? Ses menſonges, ſes tergiverſations, ſes contradictions éternelles avec elle-même & ſes témoins, l'accuſent, la convainquent & la confondent.

Car enfin, ſi les billets n'ont été fait qu'*en Mai*, l'échange de *Février* eſt donc une fauſſeté & les billets négociés en *Avril* étoient des billets faux. S'ils ont été faits en *Février ou Mars*, ceux dont l'Abbé de Trans faiſoit le corps au *commencement de Mai*, étoient dont l'objet d'une nouvelle fabrication ? Qu'on ſuppoſe ce que l'on voudra, Madame de Saint-Vincent demeurera toujours convaincue de faux.

Et M. le Maréchal de Richelieu ! Qui croira jamais qu'il ait été capable de ſe laiſſer aller à ─── d'i conſéquences, de négligences & d'excès en tout genre ? Quelle aura été en effet ſa conduite d'après la fable imaginée par Madame de Saint-Vincent ?

Il aura donné des ſommes énormes à une femme dont il ſe ſoucioit aſſez peu pour la laiſſer à Paris *pendant quinze jours ſans l'aller voir.*

Lorſqu'elle ne lui demandoit que *des ſecours de charité*, il lui aura donné un *mandat* de 300,000 livres.

Pour aider une femme, *mourante de faim*, il lui aura donné des effets, avec *menace de la perdre* ſi elle les négocioit.

Il aura donné à un premier mandat, une *forme ridicule qui le rendoit de nulle valeur, afin de ne rien donner en effet* ; & ſur le ſeul deſir de Madame de Saint-Vincent, il lui aura donné enſuite un ſecond mandat de pareille ſomme *en bonne forme*, & dans la forme qu'elle lui aura propoſée elle-même !

Le ſecond mandat eſt payable en *Août* ou *Septembre* ; Madame de Saint-Vincent ne s'en fait pas payer, ne le fait pas même accepter ; & sans objet, sans utilité, elle va en Novembre importuner encore M. le Maréchal, pour échanger ce mandat contre un billet à ordre de pareille somme, ou cinq billets de 60,000 livres à longues échéances ?

Incapable d'être rebuté, M. le Maréchal se soumet à ce nouveau caprice ; il fait le nouveau billet de 300,000 livres ; &, sans en être prié, il y joint deux billets de 60,000 liv. chaque, dont un pour le sieur Vedel, personnage très-indifférent à ses yeux, pour ne rien dire de plus ?

Madame de Saint-Vincent n'est pas encore satisfaite. En Février 1774, l'idée lui vint d'avoir de petits billets de 20 à 30,000 livres, au lieu du dernier billet de 300,000 livres, & M. le Maréchal signe tous les billets qu'on lui présente, se soumet à payer les sommes comme elles y sont fixées, accepte les échéances qu'on a prises au hasard, ne s'apperçoit même pas que le total de ces billets, qui devoit être de 300,000 livres, est de 305,000 livres !

Et tout cela se passe sans que M. le Maréchal de Richelieu s'informe seulement de ce que deviennent les billets & mandats qu'on lui fait remplacer ! Mme de S.-Vincent, pour rendre son Roman vraisemblable, dit qu'elle les a *déchirés à mesure*. Mais les deux mandats ont été vus dans ses mains depuis le prétendu échange de Novembre, par des témoins qui en déposent ; mais l'Abbé de Trans a eu le billet de cent mille écus en son pouvoir, trois mois après le prétendu dernier échange de Février 1774. Ainsi M. le Maréchal de Richelieu auroit fait successivement pour 1,325,000 livres de mandats & de billets, & il auroit eu la ridicule imprudence de laisser tous ces titres à la fois entre les mains d'une femme qu'il regardoit comme une *folle*, une tête légere, une *étourdie* ? Ou même, fi l'on veut, il auroit été affez imprudent pour fe contenter de la déclaration de Madame de Saint‑Vincent, qu'elle avoit déchiré ces billets ?

Nous ne nous lafferons pas de le répéter : l'abfurdité de toutes ces circonftances démontre le faux d'une maniere plus convaincante que toutes les dépofitions des témoins & les procès‑verbaux d'Experts : *Ea quæ funt irrationabilia non funt præfumenda.*

I I.

Nous venons de fuivre pas à pas Madame de Saint‑Vincent dans l'hiftoire qu'elle a faite des mandats & billets. Le faux de ces billets eft prouvé par tout ce qu'elle allegue elle‑même à ce fujet : & ce faux eft évidemment fon ouvrage. Mais combien d'autres preuves s'élevent encore contre elle ? Pour n'être pas infini, nous allons choifir, dans la multitude, quelques‑unes des circonftances qui fe trouvent établies au procès. De chacune d'elle, il réfulte autant de nouvelles preuves, ou du faux particulier dont il s'agit, ou de l'habitude conftante de Madame de Saint‑Vincent pour le faux en général.

C'est un principe certain que le faux dans un point fait préfumer le faux dans un autre : *Falfitas in uno articulo , arguit falfas effe cœteras atteftationes* (1). Il ne fut certainement aucun fauffaire à qui cette regle de Droit pût être auffi bien appliquée qu'à Madame de Saint‑Vincent.

---

(1) Menoch. *lib.* 5 , *pr.* 22 , 12 , 4.

Il eſt prouvé au procès qu'elle a contrefait, à Milhaud, l'écriture de M. le Maréchal, pour excroquer au ſieur *Antoine* Médecin, une ſomme de 1000 liv.

A Poitiers, elle a contrefait l'écriture de la Prieure, pour ſe faire livrer des étoffes qu'elle ne pouvoit pas payer.

Pluſieurs témoins ont dû dépoſer l'avoir vue nombre de fois *contre-tirer à la vitre* les lettres de M. le Maréchal de Richelieu, ou des écritures en général.

Elle a ſuppoſé, pendant long-tems, une correſpondance avec le ſieur Peixoto, *& elle a été forcée de convenir, dans ſon interrogatoire* (1), que par nombre de lettres *qu'elle faiſoit écrire par des Penſionnaires, elle avoit cherché à faire accroire au ſieur Vedel qu'elle étoit en relation avec ce Banquier.*

5°. Il eſt prouvé au procès que Madame de Saint-Vincent, pour tirer parti du premier & du ſecond mandat de 300,000 livres, avoit fabriqué ſur l'un & ſur l'autre *une fauſſe acceptation du Banquier*, par le miniſtere d'un nommé Canron, ancien Secrétaire de M. le Maréchal de Richelieu. C'eſt ici ſans doute quelque choſe de plus qu'un *indice* ; & ce fait mérite que nous nous y arrêtions.

L'Auteur des *Réponſes*, pag. 42, prétend que Madame de Saint-Vincent ne fit faire cette fauſſe acceptation *que pour imprimer ſur le mandat un caractere qui pût empêcher la négociation.* Cette réflexion eſt profonde, ſans doute. Faire un faux exprès pour qu'on n'abuſe pas d'un titre ! l'idée eſt neuve.

______

(1) Art. 45 & 45.

Il en étoit peut-être une plus simple ; c'étoit de garder soi-gneusement ce mandat, & *de ne le montrer à personne*, comme M. le Maréchal , dit-on , l'avoit exigé.

Mais cette merveilleuse excuse n'est qu'un effort du génie de l'Ecrivain. Le langage de Madame de Saint-Vincent dans son second interrogatoire , a été bien plus simple.

Article 53. INTERROGÉE , *s'il n'y a pas eu un des deux mandats de 100,000 écus de présenté au sieur Peschot , & qu'il ait accepté.*

A DIT , *que non , & qu'il n'y a eu aucun mandat de pré-senté au sieur Peschot , & qu'il ait accepté.*

A ELLE REMONTRÉ *qu'elle en impose ; qu'il y a eu un mandat sur lequel il y avoit ces deux mots ,* ACCEPTÉ , PEIXO-TO , *sommée de s'expliquer.*

A DIT , *qu'elle sait qu'on a fait sur le mandat de M. le Maréchal, un barbouillage qui gatoit le billet , qui fut effacé tout de suite.*

SOMMÉE *de nous dire qui est-ce qui a fait le barbouillage.*

A DIT , *qu'elle n'en sait rien . . . . proteste qu'elle ne se rappelle pas par qui il a été fait.*

Trois témoins graves & non suspects ont déposé sur ce fait. Il doit résulter de leur déposition que le mandat fut présenté, de l'ordre de Madame de Saint-Vincent, à un Banquier de Paris, *pour obtenir un prêt de 24,000 livres.* Le Banquier *vit la fausse acceptation,* & en convainquit sur le champ le por-teur du billet , par la comparaison qu'il le mit à portée de faire avec plusieurs signatures du sieur Peixoto , ou Peschot. L'*effroi* de ce tiers employé pour la négociation du mandat , *ses inquiétudes , ses démarches empressées pour retirer le reçu qu'il avoit donné du mandat à Madame de Saint - Vincent ,* toutes ces circonstances, & bien d'autres qui doivent être prouvées par les informations, ruinent sans ressource, & les fuites de Madame de Saint-Vincent, & les efforts d'imagination que font ses Défenseurs.

Voilà donc un faux prouvé, un faux avoué, un faux pratiqué par l'ordre de Madame de Saint-Vincent, & pour lui procurer une somme de 24,000 liv.

De ce faux, à celui de la signature de M. le Maréchal, la liaison est nécessaire. Si le mandat eût été *vrai*, Madame de Saint-Vincent ne l'eût pas revêtu d'une fausse acceptation. Elle pouvoit, sur la signature véritable de M. le Maréchal, emprunter facilement; au lieu que par la fausse acceptation, elle rendoit son titre inutile, & s'exposoit à la peine du faux. Elle n'a donc fait cette fausse acceptation, que parce que la *signature même du mandat étoit fausse*. Rien ne pourra passer pour démontré, si l'on se refuse à cette conséquence.

Auprès d'une preuve si accablante, que d'indices généraux viennent encore se rassembler !

La dénégation faite par Madame de Saint-Vincent de la fausse *acceptation* dans le premier interrogatoire.

Ensuite l'aveu de cette fausse *acceptation*, mais comme d'un *barbouillage* fait au hasard, & *qui gâtoit le billet*.

L'affirmation qu'elle *ignore qui a fait cette fausse acceptation*.

Le mensonge que le barbouillage *fut effacé tout de suite*.

La *contradiction* entre le motif donné par les Défenseurs de Madame de Saint-Vincent, & celui qu'elle donne elle-même à cette fausse acceptation.

Dolus præsumitur in eo qui rectâ viâ non incedit, sed per anfractus & diverticula, & cavillationes. Menoch. Lib. 5, Pr. 3, n°. 108.

6°. Madame de Saint-Vincent prétend qu'elle reçut, en Avril 1773 , les deux mandats , *le deuxieme payable en Août ou Septembre fuivant.* Voilà fa déclaration ; & l'on a vu auffi que , d'après elle-même , ce fut le fecond mandat qui fut converti en un billet de même fomme , & de maniere qu'il n'a plus été queftion dans la fuite d'autres mandats entr'elle & M. le Maréchal.

Cependant on a trouvé dans les papiers du fieur Vedel trois projets de lettres de M. le Maréchal , écrits de la main de cet Officier , & qui font datés des 12 , 16 & 18 *Octobre.* Par ces billets M. le Maréchal promet *d'envoyer le mandat par un homme qui eft arrivé.*

Les originaux de ces trois lettres ne font pas repréfentés , & ne le feront jamais. Ces prétendues copies étoient les jeux innocens de Madame de Saint-Vincent & du fieur Vedel, & les effais qu'ils faifoient de leurs talens. Mais , vraies ou fauffes, l'argument qui en réfulte , eft décifif.

Si elles font vraies , il fuit qu'au mois d'Octobre M. le Maréchal n'avoit pas encore remis le mandat. *Il le promettoit* ; donc il ne l'avoit pas remis en Avril ; donc il ne l'a jamais remis.

Si ces copies font fauffes, comme on n'en peut pas douter, tout ce qu'on peut en induire de plus favorable aux Accufés , c'eft qu'il étoit queftion encore au mois d'Octobre de créer un troifieme mandat. Et ce projet de fabrication devient une nouvelle preuve de la fauffeté des premiers.

7°. Dès Poitiers, Madame de Saint-Vincent avoit concerté avec le fieur Vedel une fauffeté d'une autre efpece. Ils avoient formé le projet de mettre fur le compte de M. le Maréchal de Richelieu la naiffance vraie ou fuppofée d'un enfant de Madame de Saint-Vincent. Ils efpéroient fans doute qu'en parvenant à perfuader à **M.** le Maréchal de Richelieu cette paternité, ils en tireroient des libéralités confidérables ; & il faut convenir que, de tous les plans de ces deux Complices, c'étoit le moins ridicule. Il auroit du moins fourni une caufe apparente & vraifemblable aux bienfaits immenfes, dont on méditoit dès-lors de fabriquer les titres. Mais, d'un autre côté, quel moyen de perfuader cette extravagance à M. le Maréchal de Richelieu? Madame de Saint - Vincent craignit apparemment de ne pas réuffir, & il ne fut queftion de rien avec M. le Maréchal de Richelieu.

Arrivée à Paris, & déterminée enfin à fabriquer des billets, Madame de Saint - Vincent a cru, pour rendre vraifemblables les excès de libéralité qu'elle vouloit imputer à M. le Maréchal de Richelieu, ne pouvoir rien faire de plus utile à fes projets, que de perfuader dans le monde cette *paternité*.

En conféquence, elle a fabriqué une lettre dans laquelle elle faifoit prendre par M. le Maréchal, cette *paternité* fur fon compte, & lui faifoit parler *d'éducation*, *de billets*, &c. Elle a remis cette lettre à fon Procureur Me *Lafitte*, qui s'en eft rendu le Colporteur à la Cour & à la Ville, & qui l'a montrée à une foule de perfonnes en place, non comme une copie, mais comme *l'original* de la lettre de M. le Maréchal.

Cette marche ayant eu quelques fuccès, Madame de Saint-Vincent a cru pouvoir la fuivre également devant le Juge. En conféquence, dès la premiere féance, voulant expliquer le motif des bienfaits fi étranges, qu'elle attribuoit à M. le Maréchal, elle a ajouté à un très-long recit cette phrafe myftérieufe : *pendant fon féjour à Poitiers, il s'eft paffé un événement entre M. le Maréchal & elle, qu'elle ne veut pas dire,*

& qui a été le motif des promeſſes qu'il lui a faites. A l'ar-
ticle 7 de la deuxieme ſéance, elle répete encore le même
propos.

Mais, dans l'intervalle, les papiers du ſieur Vedel ſont ſai-
ſis chez la femme le Roi. On y trouve toute l'hiſtoire de cette
paternité dans les lettres originales de Madame de Saint-
Vincent ; & ces lettres prouvent que, ſi elle a été mere, c'eſt
le ſieur Vedel qui doit être reconnu pour le pere. Cet événement imprévu a forcé de changer la ſcène. On ſouſtrait auſſi-
tôt la lettre colportée par Me Lafitte, & on refuſe opiniâtré-
ment de la produire. On change en même tems de langage
dans les interrogatoires, & Madame de Saint-Vincent finit
par dénier, de la maniere la plus préciſe, cette paternité. Il
faut l'entendre elle-même dans ſon ſecond interrogatoire.

« INTERROGÉE ſur la lettre montrée par Me Lafitte à
» M. de Sartine & à pluſieurs perſonnes, à la Cour, à Com-
» piegne, *dans laquelle M. le Maréchal reconnoiſſoit l'enfant*
» *& donnoit des conſeils pour qu'il fût élevé chez un Bour-*
» *geois, afin qu'il fût plus robuſte,* &c.

» Elle répond d'abord, art. 21, qu'elle n'a pas eu d'enfans,
» ni du Maréchal de Richelieu, ni d'un autre à Poitiers, &
» ne ſe ſouvient pas ſi elle a voulu faire accroire à ce Maré-
» chal qu'elle avoit eu un enfant de lui . . . . *n'a point donné*
» *ordre de montrer, ni publier la lettre en queſtion* ».

Le Magiſtrat la preſſe par pluſieurs queſtions qui l'embar-
raſſent. Elle finit à l'art. 25 par convenir du fait. « Convient
» qu'elle a cherché à faire accroire au Maréchal qu'il lui
» avoit fait un enfant ; & *cela uniquement dans la vue de ſe*
» *procurer de l'argent* ». (Voilà la femme plus malheureuſe

que coupable, à laquelle on s'intéresse avec tant de vivacité).

Art. 30. » Interrogée si elle a reçu des lettres de M. le
» Maréchal, relatives à la grossesse & l'éducation de l'enfant.

» A dit qu'elle lui a mandé qu'elle étoit grosse ; mais ne lui
» a jamais écrit qu'elle fût accouchée, & que *dans aucune*
» *lettre M. le Maréchal ne lui a jamais rien mandé de relatif*
» *à l'éducation de l'enfant* ».

Le Juge lui présente une copie de lettre trouvée parmi les
papiers du sieur Vedel, & dans laquelle on faisoit dire à M.
le Maréchal : *J'ai donné ordre à Peschot. Il vous comptera*
300 mille livres... Je vous conseille de vous ménager des reve-
nus pour vivre honnêtement, & prendre soin de l'éducation, &c.

» *A dit* qu'elle ne peut pas expliquer les lettres de M. le
» Maréchal, & ne sait ce qu'est devenu l'original de cette
» lettre ».

On nous prévient déja sur les réflexions que tout ceci fait
naître. Le seul fait de la *paternité* réunit *deux faux* commis
par Madame de Saint-Vincent, & deux faux connexes aux mandats & billets auxquels ils doivent servir de cause.

Le premier faux, c'est cette lettre qu'on ne veut plus faire
reparoître, mais qui a été colportée par le Procureur *Lafitte*,
qui a été vue de M. *de Sartine*, de plusieurs autres Ministres,
que Madame de Saint-Vincent a avouée, lorsqu'elle a dit
qu'*elle n'avoit point donné ordre de la publier, ni la montrer*,
& que Me Lafitte sommé de la représenter, a déclaré avoir
rendue à Madame de Saint-Vincent.

Le second faux, c'est la lettre dont la copie prétendue s'est
trouvée dans les papiers du sieur Vedel.

Madame de Saint-Vincent a reconnu *que dans aucune lettre*

M. le Maréchal ne lui avoit rien mandé de relatif à l'éducation de l'enfant.

Dans la copie de Vedel, il eſt queſtion d'*enfant*, *d'éducation* : donc cette copie eſt une invention, une nouvelle fauſſeté.

Et ces lettres ont été fabriquées pour ſervir de cauſe apparente aux billets. Donc les billets ſont faux, & ce faux a été concerté entre Madame de Saint-Vincent & le ſieur Vedel : *Extrema probata ſunt, media præſumuntur.*

8°. Les interrogatoires des accuſés établiſſent encore un autre faux tout auſſi caractériſé, & également analogue aux billets.

Il avoit été trouvé dans les papiers de Benavent pluſieurs billets de Madame de Saint-Vincent. Dans l'un elle lui écrivoit : *il faut que Rubit attende le billet de 20000 liv. que vous avez écrit & que j'ai envoyé.*

Dans un autre : *ſans doute il faut faire ſigner les billets ; nous ne pouvons prévoir ce qui peut arriver, il faut au moins gagner tout ce que nous pourrons ; ils vont partir dans une heure d'ici, & tu aurois dû m'en envoyer quatre.*

Dans un autre : *le Maréchal n'étoit pas parti Jeudi matin, c'eſt moi qui te le dis, parce que je lui ai parlé à neuf heures. Je lui avois dit : je viendrai Samedi, il m'avoit dit oui. Ainſi perſonne ne me trompe. Je lui enverrai mes billets à ſigner, il me les enverra ſignés, je t'en réponds, & qu'ils partiront demain, mais il faut les refaire. Tout ce qui me fâche, c'eſt de le voir partir ſans avoir acquitté Poitiers. En y paſſant il le ſaura, & croira que j'ai menti. Je ne ſuis fâchée que de cela* JE N'ATTENDS PAS SON RETOUR POUR LA SIGNATURE, PARCE QU'IL POURROIT MOURIR.

Tous

Tous ces billets annonçoient une nouvelle fabrication de billets. On les a repréfentés à Madame de Saint-Vincent, en la priant d'expliquer comment, déjà nantie de billets, montans à 425,000 liv., elle avoit pu concevoir l'idée d'en faire figner encore pour des fommes confidérables à M. le Maréchal de Richelieu. Ses réponfes font d'une naïveté admirable.

« A dit qu'il eft tout naturel à une perfonne qui avoit déjà
» reçu des billets, de defirer d'en recevoir d'autres; qu'elle n'a
» fait qu'un fouhait intéreffé, & ne l'a pas exécuté (art. 59
» du premier interr.); que la vérité eft qu'elle n'a envoyé au-
» cun de ces nouveaux billets à M. le Maréchal, & que ce
» qu'elle écrivoit à Benavent n'é oit qu'un difcours en l'air qui
» ne pouvoit avoir aucune fuite (art. 57) ».

On a interrogé auffi Benavent fur ces mêmes billets. Ses réponfes ont appris que Madame de Saint-Vincent lui avoit fait lire une prétendue lettre de M. le Maréchal de Richelieu, dans laquelle *il accufoit la réception de quatre billets montans à 80,000 liv., & promettoit de les renvoyer fignés par le premier courier* (1).

Dans le fecond interrogatoire (art. 133), on a fommé Madame de Saint-Vincent de déclarer, « fi elle n'avoit pas
» montré à quelques perfonnes une lettre qu'il prétendoit
» avoir reçue de Bordeaux de M. le Maréchal de Richelieu,
» portant qu'il avoit reçu lefdits quatre billets, & qu'il les en-
» verroit fignés par le premier courier ».

Voici fa réponfe.

« *A dit qu'elle n'a pu montrer des lettres relatives à ces bil-*
» *lets, puifqu'elle n'en a point envoyé à M. le Maréchal, &*

____

(1) Premier interrogatoire, art. 21 & 23.

» *n'en a reçu aucune , n'a pas même parlé au Maréchal de ces* » *billets* ».

Le Magiſtrat avoit eu la prudence de ne pas nommer Benavent : mais Madame de Saint-Vincent ſe rappelle , après ſon interrogatoire, que c'eſt à lui qu'elle a effeſtivement montré cette prétendue lettre du Maréchal. Elle.craint que Benavent ne la contrediſe. Elle lui écrit en conſéquence : « Au ſujet » des billets que vous m'aviez envoyés pour faire ſigner au Ma- » réchal , on me dit que je vous avois lu une lettre du Maré- » chal , où il diſoit : *envoyez-les-moi , je les ſignerai ;* j'ai ré- » pondu que vous n'aviez pas lu cette lettre , parce que le Ma- » réchal ne l'avoit pas marqué , mais que je vous l'avois dit. Je » vous ai rendu toute la juſtice que vous méritez (1) ».

Enfin on confronte ces deux perſonnages , & Benavent ſoutient à Madame de Saint-Vincent , qu'elle lui a en effet montré une lettre écrite par M. le Maréchal de Richelieu , dans laquelle il promettoit de ſigner les quatre billets (2), & *qu'il l'a lue lui-même.*

La prévention réſiſtera-t-elle encore à l'évidence de ce faux ?

Benavent, témoin non ſuſpeſt à Madame de Saint-Vincent, Benavent ſon confident & ſon complice, A vu *cette lettre de M. le Maréchal de Richelieu , & l'a* L u E. La lettre a donc exiſté ; mais Madame de Saint-Vincent reconnoît *n'en avoir jamais reçu de ſemblable de M. de Richelieu.* C'é- toit donc une lettre fauſſe ; & puiſque c'eſt Madame de Saint-

---

(1) Lettre de Madame de Saint-Vincent, reconnue par elle dans ſon interrogatoire du 12 Décembre dernier.

(2) Deuxieme interrogatoire, art. 8.

Vincent qui l'a fait voir & lire à Benavent, il suit nécessairement que c'est elle qui l'a fabriquée. Cette démonstration est
d'une évidence qui nous dispense de l'appuyer encore, en fai-
sant remarquer les mensonges, les contradictions & les échap-
patoires des réponses de Madame de Saint-Vincent.

Il faut joindre à tous ces faux celui de plusieurs lettres
attribuées à M. le Maréchal, mais dont les vrais originaux
existans prouvent que les premieres sont fausses, & ont été calquées sur les véritables lettres. Telles sont celles déposées par
Me Lafitte, cotées 25 & 30, dont l'une est l'original, & l'autre
une copie évidemment calquée, jugée telle par les Experts,
& dont l'homme le plus partial jugeroit de même à la seule
inspection.

Un autre faux, encore plus palpable, a éclaté au milieu de
ce tas de papiers du sieur Vedel, saisis chez la femme Leroi.
On y a trouvé *trois brouillons de lettre de la main du sieur Vedel*, qui sont la copie de trois fragmens de lettres de M. le Maréchal, déposées au Greffe ; avec cette différence que dans les
trois fragmens originaux, il n'est question ni de *mandats*, ni de
Peschot, ni du *tiers* ; & qu'au contraire dans les trois copies,
on y a ajouté, au texte des originaux, des phrases où l'on parle
de ce *mandat*, du sieur *Peschot*, & du tiers.

Le sieur Vedel, interrogé sur ces brouillons, a répondu
qu'il n'y connoissoit rien. Mais il est aisé de reconnoître l'intention criminelle des deux complices. Ces *copies* ou *brouillons*
n'étoient pas autre chose que les modeles que le sieur Vedel
préparoit pour servir à la contrefaction & au contre-tirage de
Madame de Saint-Vincent. Il est impossible de donner une autre destination à ces copies.

G ij

Ne peut-on pas encore joindre à ces faux la fauſſe déclara-tion faite par Vedel & Benavent à Rubit, & atteſtée par celui-ci (1), *que les billets de M. le Maréchal de Richelieu étoient l'acquit d'une dette de 250,000 livres, que M. le Maréchal avoit contractée envers le pere de Madame de Saint-Vincent, au port de Mahon ?*

Enfin tous ces *fragmens* produits au procès, & trouvés dans les papiers de Vedel, fragmens dont on a découpé & enlevé des mots, des lignes, des phraſes entieres, n'atteſtent-ils pas également le faux & les moyens qu'on employoit pour le pratiquer? Pour en donner une idée, nous en ferons imprimer une copie figurée à la ſuite du *Réſumé* contre le ſieur Vedel.

Combien d'autres faits nous pourrions encore réunir, où le menſonge, où le faux ſont prouvés d'une maniere invincible!

Mais il eſt tems de s'arrêter.

La faussete' d'un témoin, reconnue ſur un point, fait préſumer qu'il eſt faux dans tout le reſte de ſon aſſertion : *Falſitas in uno articulo, arguit falſas eſſe cœteras atteſtationes.* Menoch. lib. 5, pag. 22, n. 4.

Mais quelle force n'acquiert pas cette préſomption, lorſ-que d'un côté *les fauſſetés* ſe cumulent à l'infini, & que d'un autre côté *les fauſſetés* prouvées ſont du même genre que la *fauſſeté à prouver*, & qu'elles y ſont même identiques?

Or, tel eſt le caractere de tous ces faux dont Madame de Saint-Vincent eſt démontrée l'auteur. Ils ſont relatifs aux bil-lets argués de faux : les uns ont eu pour objet d'y donner une *cauſe*; les autres étoient faits pour accréditer *les négociations,*

____

(1) Page 5 de l'interrogatoie imprimé.

53

d'autres tendoient à la fabrication *de nouveaux billets*.

Retraçons-en l'incroyable lifte.

Fauffe lettre de M. le Maréchal, fabriquée par Madame de Saint-Vincent à Milhaud.

Contre-tirage à Poitiers des lettres de M. le Maréchal.

Correfpondance fuivie de Pefchot avec elle, *avouée fauffe*.

Correfpondance avec M. le Maréchal, au fujet de ce Banquier, néceffairement fauffe, puifque celle avec Pefchot eft avouée l'être.

Fauffe acceptation de ce Banquier, appofée de l'ordre de Madame de Saint - Vincent fur les mandats, & *avouée* par elle.

Suppofition *avouée* d'une lettre de M. le Maréchal, relative à un enfant.

Fabrication d'une autre lettre relative à l'éducation de cet enfant.

Faux démontré & *avoué* de celle atteftée par Benavent, au fujet de 80,000 livres.

Fauffe groffeffe imaginée pour *fe faire aimer du fieur Vedel, & tirer de l'argent du Maréchal* (1).

Quelle horrible fuite de forfaits ! Quelles machinations ! Leur nombre feul effraie. La Loi dit : *Semel malus*, il faut dire : *Toties malus, femper præfumitur malus in eodem genere mali*.

AVANT de paffer à notre dernier objet, ne négligeons pas de répondre à une objection qui a paru frapper quelques perfonnes.

____

(1) Art. 34 du deuxieme interrogatoire.

Ceux qui ont lu les écrits de Madame de Saint-Vincent ont dû remarquer que tout l'art de sa défenfe a confifté à repouffer l'idée de fon crime par la difficulté qu'elle auroit eu à le commettre : « Quelle apparence, dit-on qu'une femme naïve, enjouée, légere, n'aimant que le plaifir, fe foit nourrie pendant plufieurs années d'un projet de faux ! Et quel projet ! » On voit des fauffaires qui parviennent à imiter une fignature ; mais des lettres entieres, une foule de lettres & de » billets, qui a jamais entrepris une telle contrefaction ? L'idée » n'en eft pas admiffible, parce que l'exécution n'en feroit pas » poffible. Le plus adroit fauffaire ne pourroit l'exécuter en » plufieurs fiecles ».

Que ne pouvons-nous mettre fous les yeux de nos Lecteurs, toutes ces lettres arguées de faux ! On fe perfuade dans le monde que ces contrefactions font le chef-d'œuvre d'un art criminel, & que, pour les pratiquer, il a fallu de grands efforts. La feule vue des pieces diffiperoit cette illufion. En effet, à l'exception de ce qui a été fait par le calcage, le refte n'eft qu'une impofture palpable, que des faux groffierement exécutés. A l'infpection feule des lettres, chacun, fans être Expert, découvre une *imitation* forcée, & une diffemblance fi prodigieufe dans les traits, dans les lettres, dans le caractere entier de l'écriture, qu'on n'héfite pas un inftant à reconnoître le faux. Il y en a quelques-unes dans lefquelles, la maladreffe eft portée au point qu'elles n'ont pas même la plus légere reffemblance avec l'écriture de M. le Maréchal de Richelieu.

Sans doute une telle entreprife eft très-extraordinaire, & plus elle a été maladroitement conduite, plus elle doit paroître étrange.

Mais tout ne l'eft-il pas dans la conduite de Madame de

Saint-Vincent ; & eft-il encore quelqu'un, depuis que cette affaire fait parler d'elle, qui puiffe de bonne foi la regarder comme une femme ordinaire ? D'ailleurs, qu'on y prenne garde, ce n'étoit pas à des Experts, ce n'étoit pas à la Juftice qu'elle vouloit faire illufion. Ce fut d'abord à fes confidens, devenus enfuite fes complices, qu'elle chercha à en impofer. Ses billets même, elle ne les deftina jamais à s'en faire des titres contre M. le Maréchal. La preuve en réfulte de ce qu'elle a voulu fuir, dès que M. le Maréchal a été averti de l'exiftence de ces billets. Si, forcée de fe défendre en Juftice, elle a accumulé & lettres & billets, ce n'a été évidemment que le dernier degré de l'audace : elle a cru accabler M. le Maréchal fous le nombre de fes fauffetés, & égarer la Juftice par la multiplicité de fes crimes.

Mais que deviennent les poffibilités, les vraifemblances, quand la vérité fe montre & fe rend palpable ? Madame de Saint-Vincent avoue la fauffeté de la lettre fur la paternité. Le faux de celle qu'elle montra à Benavent au fujet des 80,000 liv. de nouveaux billets, eft également démontré. Ne parlons pas des autres lettres qui ont été vifiblement, ou calquées & contre-tirées à la vitre, ou imitées : celles-ci répondent à tout. La première avoit deux pages & demie ; la deuxieme avoit auffi quelques détails. Dans celle fur la paternité, l'écriture étoit fi bien contrefaite, que tout le monde a été perfuadé, à la première vue, qu'elle étoit de M. le Maréchal de Richelieu. M. de Sartine l'a cru, tous les Miniftres l'ont cru, & fans doute le Procureur *Lafitte* l'a cru auffi, du moins pendant quelque tems. Pour la feconde, elle n'a été vue que par Benavent ; mais il falloit que la contrefaction fût bien parfaite pour l'avoir conduit à affirmer, malgré les dénégations de Madame

de Saint-Vincent, *qu'elle la lui avoit montrée, & qu'il l'a-
voit vue.*

La main qui a fabriqué ces deux lettres, peut donc en avoir
fabriqué vingt ; il n'a pas fallu plus d'art, mais feulement un
peu plus de tems ; cela eft évident : & la prétendue difficulté de
l'entreprife doit s'évanouir quand fon exécution eft phyfique-
ment établie. Enfin, c'eft un point démontré dans cette affaire,
que Madame de Saint-Vincent étoit dans l'habitude de chercher à contrefaire l'écriture de M. le Maréchal de Richelieu,
& après une telle démonftration, qui peut douter ici qu'elle ne
foit l'auteur des *fignatures* déclarées *fauffes* par les Experts ?
La contrefaction de l'écriture ne peut avoir pour objet que
celle de la fignature On voit par les lettres de Madame de
Saint Vincent au fieur Vedel, qu'elle n'étoit occupée qu'à fe
procurer de l'argent de M. le Maréchal, par quelque voie que
ce fût. *Je me fuis fi fort entichée de cet argent,* dif it-elle au
fieur Vedel, *que toutes mes penfées font abforbées dans celle là.*
Pour ne la plus regarder comme l'auteur des fignatures, il
faudroit fuppofer une abfurdité, & admettre que cette femme,
fi habile dans la contrefaction de l'écriture de M. le Maréchal, auroit emprunté, fans néceffité pour la fignature, une
main étrangere, & auroit cherché un confident, au rifque d'en
être refufée ou trahie. Mais après tout, qu'elle ait fait ou fait
faire les fignatures, le crime eft le même, & il eft impoffible
de ne pas refter convaincu de l'un ou de l'autre, après tout
ce qu'on vient de voir.

I I I.

Il reste un dernier afpect, fous lequel le crime de Madame de Saint-Vincent ne fe montre pas avec moins d'évidence,

Conduite de Ma-
dame de St Vin-
cent dans le pre-
mier moment de la
découverte du
faux.

dence ; il eſt impoſſible de ne pas la juger coupable , quand on examine avec quelque attention la conduite qu'elle a tenue dans le premier moment de la découverte du faux. Nous allons en tracer rapidement le tableau, & nous laiſſerons au Lecteur équitable le ſoin de l'apprécier.

M. LE MARÉCHAL reçoit à Bordeaux la nouvelle qu'on négocie des billets , montans environ à 200,000 livres , & que cette négociation ſe fait ſous le nom de Madame de Saint-Vincent : il lui écrit auſſi-tôt :

« J'apprends avec étonnement, ma chere couſine, qu'il ſe » négocie pour 200,000 livres de *billets ſignés de moi* ; ce qui » m'étonne encore davantage, c'eſt qu'on m'a dit que vous » étiez mêlée la dedans ; ce que je ne puis croire. Je vous prie » d'écouter avec bonté le ſieur Marion , qui vous remettra » cette lettre,& l'aider à démêler le fil de cette fripponerie (1), » que vous avez autant d'intérêt que moi à ne pas laiſſer im-» punie ».

Madame de Saint-Vincent répond : « Mon cher couſin, je » réponds *vîte* à votre lettre, qui m'a cauſé autant d'étonne-» ment qu'à vous la nouvelle de ces billets , du nom de Ma-» dame de Saint-Vincent , qu'on dit être mêlé là dedans ; ce » que j'ignorois parfaitement. J'envoie cette lettre à M. Ma-» rion , par une perſonne qui pourra l'aider à découvrir quel-» que choſe, & j'embraſſe mon cher couſin. Ecrivez-moi ce » que vous apprendrez, & aimez-moi toujours, car je ſuis

---

(1) Madame de Saint-Vincent a perſévéramment refuſé de produire l'original de cette lettre , mais elle l'avoue, à l'exception du mot de *ripponnerie,* auquel elle prétend ſubſtituer celui de *maquignonnerie.*

H

» bien fâchée contre ceux qui me nomment fans me con-
» noître, &c ».

Auffi-tôt Madame de Saint-Vincent envoie chercher le
nommé *Rubit*, avec lequel s'étoient faites les dernieres négociations. *Vous m'avez perdue, lui dit-elle, par vos indifcré-
tions* (1).

Elle lui ajoute, que *s'il ne veut pas effuyer une affaire
terrible, il faut qu'il lui rende les billets.*

Le fieur Vedel & Benavent, préfens à la converfation,
offrent à Rubit de faire, conjointement avec Madame de Saint-
Vincent, un écrit par lequel *ils fe porteront cautions folidaires
les uns pour les autres, à l'effet de retirer lefdits billets, fauf
à les lui remettre le lendemain.* Rubit s'y refufe. Madame de
Saint-Vincent le tire en particulier, *& tire de fa poche un
billet de 600 liv. que Rubit lui avoit fait ; elle le déchire en
fa préfence, pour l'engager à dire à l'Intendant de M. le Maréchal, qu'il avoit rendu les billets* (2). Rubit promet de dire
ce qu'on voudra.

Le lendemain à neuf heures du matin, Vedel & Benavent
qui avoient donné leur *certificat de la légitimité de la créance*
(3) *& de la valeur fournie des billets*, demandent à voir ce
certificat, fous prétexte d'y mettre le deuxieme *nom du fieur
Vedel*, mais dans la vérité, pour le reprendre ; Rubit échappe
à ce piege ; les deux émiffaires le quittent d'un air fort mé-

---

(1) Interrogatoire de Rubit.

(2) Interrogatoire de Rubit.

(3) *Termes du certificat :* Que le billet figné de M. le Maréchal de
Richelieu étoit par lui bien & légitimement dû à Madame de Saint-
Vincent.

content, & très-rêveurs (1), & lui il *reste convaincu que les billets sont faux* (2).

Ces refus de Rubit mettent Madame de Saint-Vincent au désespoir. Le 17 Juillet elle écrit à Benavent.

« Montrez cette lettre à Rubit , parce qu'elle nous assurera » de son secret. *Je me meurs ,*mon cher Benavent , le Major » va vous trouver ».

Dans un autre billet elle lui dit : « *Je n'ai pas dormi une* » *minute ;* NOUS *sommes perdus si Rubit* NOUS *trahit* ».

Son effroi se peint, s'il est possible , encore plus énergiquement dans cet autre billet : « Mon cher Benavent , on fait » des informations ; on a été chez cette femme (3). *Je me* » *meurs ;* allez avertir Rubit , & *cédez-lui tout , pour qu'il ne* » *parle de rien.* Adieu mon fils. Ensuite voyez Marion & » parlez-lui , & cherchez à découvrir ce qu'il fait , & *venez* » *vîte , car j'ai la fievre ,* & je ne saurois mourir sans vous » voir autant que je pourrai ».

Forcée de comparoître devant le Magistrat chargé de la Police , elle ne lui déclare que pour 200,000 *l. de billets.* Dans son trouble elle ne se rappelle pas qu'elle en a fabriqué pour 425,000 liv. De nouvelles terreurs s'emparent d'elle. Elle forme le projet de s'enfuir. « Souvenez-vous , écrit-elle » à Benavent, qu'il faut que je parte lundi , *sans cela je suis* » *perdue* parce qu'on m'a avertie ; ainsi je fais mes malles & » je pars ; mais il me faut l'argent de Chariot. Je suis dans une » grande inquiétude , & vous êtes tranquille. Je pars avec mon » neveu. Je suis, en vérité , bien malheureuse en tout ; c'est

---

(1) Interrogatoire de Rubit.

(2) *Ibid.* 4, art. 7.

(3) La femme Leroy.

» dans ces occafions qu'on abandonne tout pour fes amis, &
» tu me laiffes. Fais-toi donner cet argent, ou il faut que je
» fois prife ».

Ce fut dans cet inftant que Madame de Saint-Vincent fut
arrêtée d'ordre du Roi : bientôt après elle fut décrétée. Le
tems n'avoit point encore diffipé fes frayeurs ; elle n'étoit pas
encore raffurée fur fon crime. Cette foule de protecteurs, que
la paffion, que les préjugés, que mille injuftices particulieres
devoient lui procurer, ne s'offroient point encore à elle pour
raffurer fon courage ; auffi termina-t-elle fon premier interrogatoire par des déclarations, qui euffent peut-être conduit à
affoupir l'affaire, fi le Vicomte de Caftellannes n'y avoit mis
des obftacles invincibles.

« *A dit*, qu'elle eft dans la plus grande douleur de cette
» affaire par rapport à elle, à fa famille & à M. le Maréchal ;
» qu'il n'y a rien qu'elle n'ait fait, & qu'elle ne fît pour
» fe raccommoder avec M. le Maréchal ; qu'elle ne peut
» pas attefter toutes les fignatures, parce qu'elle ne les
» a pas vu faire, comme celle de la lettre du Maréchal
» au fieur Benavent ; mais qu'elle affure en tenir trois du la-
» quais de M. le Maréchal, & les autres par lui-même. *Qu'elle*
» *renonce de tout fon cœur à répéter le montant de ces billets ;*
» que quand elle les avoit, elle les croyoit bons & les ven-
» doit ; mais que M. le Maréchal les lui difputant, elle les lui
» céde de tout fon cœur. *Ajoute, que fi M. le Maréchal vou-*
» *loit fe contenter qu'elle paie & retire les billets de Rubit,*
» *elle le feroit* ; qu'elle doit ce témoignage à toutes les per-
» fonnes avec lefquelles elle a vécu, & qui font compromifes
» dans cette affaire ; qu'elle les croit incapables de lui donner
» aucun mauvais confeil : *qu'elle prie M. le Maréchal de vou-*

» *loir bien ne pas étendre sa colere sur des personnes innocen-*
» *tes, & qui n'ont que le tort d'avoir vendu ses billets* » (1).

Enfin joignons à tous ces traits les expreſſions de ſa lettre à Benavent, qu'un haſard imprévu a fait tomber dans les mains de M. le Maréchal.

« Mon cher Benavent, me voilà ſortie de mes interro-
» gatoires. .

» Sans vos lettres & celles de Vedel, mon procès ſeroit
» admirable. *Mais il n'y a pas moyen de me défendre de tou-*
» *tes les conſéquences que l'on tire de ces malheureuſes lettres ;*
» *j'ai pourtant bien répondu autant que j'ai pu* ».

« Si on vous demande, &c. il faut dire, &c. Si on vous de-
» mande, &c. dites : &c. &c. &c. &c. »

Dans tous les traits de ce tableau que nous ne faiſons qu'eſquiſſer, eſt-il une expreſſion qui ne caractériſe le crime ? Un aveu judiciaire ne ſeroit pas plus précieux que la réponſe à M. le Maréchal de Richelieu, que les billets écrits à Bena-vent, que toutes les démarches faites par Madame de Saint-Vincent. Ses frayeurs, ſes inquiétudes, ſon agitation, ſon projet de fuite, tout montre en elle la coupable, tout publie ſon crime ; & ſi l'on veut être de bonne foi, on conviendra qu'il eſt rare de trouver autant de lumiere & même d'évidence dans la recherche des crimes.

Pour ceux de l'eſpece dont eſt queſtion, il ſuffit, dit la Loi, d'une preuve légere. *In his quæ clam fiunt, ſufficiunt leviores probationes.*

Telle eſt la regle par laquelle on devroit juger Madame de Saint-Vincent ; mais quand on voudroit faire fléchir en ſa

---

(1) Premier interrogatoire, *in fine.*

faveur cette févérité fi nécefſaire à la ſûreté & à la tranquillit publique, cette indulgence ne lui feroit d'aucun fecours. L'évidence de fon crime perce l'obſcurité qui auroit pu le voiler, & elle s'eſt trahie elle-même par tous les ſignes capables de manifeſter le faux dont elle s'eſt rendue coupable.

Quelle vive impreffion ne doivent pas faire en effet toutes les circonſtances que nous venons de raſſembler? Que nos Lecteurs daignent s'arrêter encore un inſtant avec nous, pour s'en mieux pénétrer.

Madame de Saint-Vincent étoit en poffeffion de douze billets fur M. le Maréchal de Richelieu. Si ces billets étoient vrais, que devoit-elle faire ? Attendre leur échéance.

Mais les billets étant faux, fa conduite a dû être fort différente. Elle a dû multiplier les précautions, les acceſſoires de toute efpece, pour accréditer fon crime. Elle a dû faire tout ce qu'elle a fait.

Il falloit faire de M. le Maréchal de Richelieu, un homme affez paffionné pour *l'enlever* juſqu'à trois fois à fa famille.

Il falloit effayer de perfuader qu'il avoit eu un enfant d'elle afin que le fentiment de la paternité, joint à celui de l'amour, pût rendre vraifemblables des prodiges de générofité.

Il falloit fuppofer de fauffes correfpondances, fabriquer des lettres, s'accoutumer à contrefaire l'écriture de M. le Maréchal, la contre-tirer à la vitre, lui écrire fans ceffe, pour obtenir fans ceffe des réponfes, & avoir une provifion abondante de modeles.

En faifant les billets, il falloit leur donner une échéance éloignée, pour avoir un prétexte de les négocier.

Et les billets faits à longues échéances, il falloit bien fe garder d'attendre les échéances, parcequ'alors il auroit fallu tenter de se faire payer par le débiteur apparent, qui n'en auroit rien fait.

Il falloit négocier *secrettement*, pour que M. le Maréchal n'en sût rien : sur-tout après son départ, pour gagner du tems ; & toujours *à vil prix*, pour ne pas donner aux Acquéreurs le tems de respirer & de réfléchir.

Et, l'intrigue une fois découverte, il falloit *mourir de peur, tout sacrifier pour n'être pas trahie*, & faire les plus promptes dispositions pour *s'enfuir*, parce qu'il est trop dangereux pour un faussaire de tomber dans les mains de la Justice.

Voilà ce que fait un coupable, & ce qu'a fait Madame de Saint-Vincent. Sa conduite est peut-être une des plus fortes preuves que les billets sont faux, parce qu'elle n'auroit rien fait de tout ce qu'on vient de voir, si les billets eussent été vrais.

Ses Partisans se tourmentent de toutes les manieres pour la trouver innocente. Ils consentent qu'on déclare les billets faux, pourvu qu'on sauve la coupable. Non, il n'est plus tems de la sauver ; & M. le Maréchal ne sauroit s'y prêter, sans se déshonorer lui-même & toute sa race. Le faux émane de lui, ou de Madame de Saint-Vincent. Il n'y a pas de milieu, nul autre n'a eu intérêt de le commettre ; nul autre n'a pu en avoir la pensée. Or qui pourroit balancer encore ? Le doute même n'est plus permis. Le faux dont il s'agit est l'ouvrage de celle-là qui a eu intérêt de le commettre : de celle-là qui en avoit contracté l'habitude : de celle-là qui est déjà convaincue d'avoir fabriqué trois lettres de M. le Maréchal, & qui a été forcée de l'avouer ; qui a commandé & fait faire une *fausse acceptation*, & qui en a fait également l'aveu. Il a été commis par celle-là qui a donné ordre de faire le corps des billets, qui les a fait négocier aux trois quarts de perte, & qui en a précipité la négociation, fans autre objet que celui de hâter le coup qu'elle méditoit; c'eft le crime de celle qui fe cachoit aux yeux de M. le Maréchal, & qui, au moment où elle négocioit ces billets, lui écrivoit qu'elle n'en *avoit pas entendu parler*. La coupable eft celle-là qui, au feul bruit de la découverte du faux, a montré la pâleur & la frayeur du crime ; qui écrivoit à fes Confidens : *J'ai la fievre, je ne dors plus, je me meurs*. Le faux eft l'ouvrage de celle qui a voulu *s'enfuir* pour fe dérober à la vengeance des Loix ; de celle qui, ne pouvant plus s'échapper, a voulu du moins fouftraire les faux billets, & a offert de faire des facrifices pour qu'on les lui rendît; de celle qui a écrit à cette occafion : *Nous fommes perdus fi Rubit nous trahit.* Enfin, c'eft le crime de celle qui, dans tout le cours du procès, n'a ceffé de mentir à Juftice, de fe contredire & de s'égarer dans mille tergiverfations. Oui, voilà la coupable. Plus fa naiffance l'élevoit au-deffus de cette baffeffe, plus elle mérite d'être punie. Mais c'eft l'affaire de la Juftice de mefurer le degré du crime & de la punition. Il fuffit à M. le Maréchal qu'elle foit reconnue coupable du faux ; & c'eft ce dont il n'eft plus permis de douter.

C'EST en déguifant ces circonftances, c'eft en altérant les écrits, les interrogatoires, les dépofitions des témoins, les lettres, c'eft enfin en dénaturant tous les faits, que les Ecrivains de Madame de Saint-Vincent font peut-être parvenus à foutenir l'illufion, que fes Partifans, & fur-tout le Vicomte de Caftellannes ont effayé de répandre fur cette affaire. On ne doit pas s'en étonner ; la Caufe d'un fauffaire ne peut être foutenue que par des fauffetés multipliées. Mais ce qu'il y a d'étrange, c'eft le ton de confiance avec lequel on a débité ces fauſſetés ; & ce qu'il y a peut-être de plus étrange encore, c'eſt la facilité avec laquelle elles ont été adoptées par la prévention. La dépoſition d'un des plus honnêtes & des plus riches Négocians de Poitiers les gêne. Qu'y oppoſent-ils ? *On aſſure qu'il a reçu cent louis de M. le Maréchal*: dans un autre écrit, on ſe réduit à *cinquante ;* & dans ſa derniere confrontation, Madame de Saint-Vincent le reconnoît pour *le plus honnête homme du monde.* La correſ-pondance ſuppoſée par Madame de Saint-Vincent entr'elle & Peixoto, & l'aveu fait par elle de *cette ſuppoſition* ne ſembloient ſuſceptibles d'aucune excuſe. Que répond l'Ecrivain ? Il fait une diſſertation pour prouver que cette ſuppoſition *n'eſt qu'un men-ſonge & non pas un faux.* Les *fauſſes acceptations* miſes ſur les deux mandats, loin d'être un crime, n'ont été, ſuivant lui, qu'une ſage précaution *pour imprimer ſur ces mandats un ca-ractere qui empêchât la négociation.* Il ne voit dans les lettres, dans les billets, dans les aveux de Madame de Saint-Vincent, que *des traits d'une imagination vive, d'un eſprit actif, d'un cœur ſenſible.* Le Commentaire qu'il fait de la lettre de M. le Maréchal à l'occaſion des billets, eſt plus merveilleux encore ; *c'eſt un ſimple reproche de la négociation, & non un déſaveu des billets.* Les échanges multipliés des mandats & des billets ont, ſuivant lui, une cauſe toute naturelle ; *c'eſt que les premiers mandats étoient nuls par leur trop grande valeur.* La *fuite* de Madame de Saint - Vincent, lorſqu'elle ſe voit découverte, n'eſt qu'*une partie de campagne.* Si elle *ſe meurt,* ſi elle *a la fievre,* c'eſt *la crainte des violences de M. le Maréchal* qui l'a réduite dans ce terrible état.

La patience échappe, & l'on ſe laſſe de retracer tant d'ab-ſurdités.   I

ON SE LASSE auffi peut-être de nous voir tant infifter , tant raffembler de preuves ; cependant nous ne pouvons terminer cette difcuffion fans répondre à un reproche qu'on s'eft cru permis de faire à M. le Maréchal de Richelieu.

On l'accufe d'avoir mis trop d'acharnement à pourfuivre une parente , une femme de qualité , une femme à laquelle il avoit pris d'abord un vif intérêt. Il auroit dû , dit-on , affoupir cette affaire ; il en étoit le maître.

Il en étoit le maître ! Et dans quel inftant l'a-t-il été ?

Il apprend à Bordeaux l'infamie qui fe paffe à Paris. Au lieu d'éclater dès ce moment , comme bien d'autres auroient peut-être fait en fa place, il écrit à Madame de Saint-Vincent , & s'adreffe directement à elle pour arrêter le cours de *cette frip-ponnerie*. Il a même pour elle l'égard de paroître ne la pas foupçonner. *On dit que vous êtes mêlée là dedans , ce que je ne puis croire.*

Au lieu d'avouer fa faute , de chercher les moyens de la ré-parer , Madame de Saint - Vincent continue fes négociations , *prépare d'autre faux* , comme le prouvent les billets à Bena-vent , foutient au Magiftrat de Police que les billets font vrais , précipite les *négociations* , en offre à tout prix , même *aux trois quarts de perte* (1) , elle publie par-tout que M. le Maré-chal de Richelieu l'a trompée , & qu'il trompe le Public.

Cet outrage fait à un homme de fon rang , excite la vigi-lance du Gouvernement. Avant même que M. le Maréchal de

____

(1) Il eft prouvé que l'Abbé de Villeneuve en faifoit offrir aux troi quarts de perte au paffage du Palais-Royal.

Richelieu l'ait defiré & ait pu y penfer , le Roi , inftruit des faits, ordonne que , pour les éclaircir, on s'affurera de la perfonne de Madame de Saint-Vincent.

Cette voie étoit rigoureufe, fans doute; mais n'étoit-elle pas de regle vis-à-vis d'une femme qui avoit été déjà mife fous la main du Gouvernement, par fon pere, par fon mari, par toute fa famille, & qui étoit fortie de Poitiers au mépris de l'ordre du Prince qui l'y retenoit? N'étoit-ce pas de plus une voie de douceur & de ménagement pour prévenir une inftruction judiciaire, dont il auroit été impoffible enfuite d'arrêter le cours? Au refte , qu'on approuve ou qu'on blâme cette voie d'autorité , toujours eft-il certain qu'on ne peut en faire un crime à M. le Maréchal de Richelieu. Cependant, quel texte pour des Ecrivains dont la licence n'a rien fu refpecter ! Voilà , ont-ils dit, *l'homme aux violences , aux actes d'autorité , au defpotifme*. Mais où eft la preuve de la violence ? Où eft la preuve que M. le Maréchal de Richelieu ait même concouru à cet acte d'autorité ? On n'en rapporte aucune. Il eft même prouvé que M. le Maréchal de Richelieu n'a pu favoir qu'on en feroit ufage.

Mais dût-on fufpecter dans fa bouche la défenfe de l'autorité , on ne peut fe difpenfer de propofer ici une réflexion générale fur le zele de ceux qui ne veulent voir , dans ces actes d'autorité , qu'un attentat à la liberté des Citoyens.

Ne fortons point de notre efpece. Un *faux* éclate , la marche légale eft de rendre plainte, de faire informer ; mais où conduit-elle cette marche ? A faire déclarer par les Experts une piéce fauffe , & prefque jamais à découvrir le coupable , parce qu'il eft de la nature de ce crime d'être encore plus voilé & plus obfcur que tous les autres. Cependant fi le coupable échappe, le lendemain il forgera une autre piece : vingt faux fe fuccéderont lès uns aux autres. Chacun de ces faux néceffitera une plainte, une procédure en regle, & le Jugement du vingtieme n'affurera pas encore la tranquillité à celui dont on aura malheureufement trouvé l'art de contrefaire l'écriture.

Au contraire, fur des indices graves, on arrête *d'ordre du Roi*, le porteur de la piece fauffe. On l'interroge pour favoir de qui il la tient : dans fes papiers qu'on faifit, on trouve des renfeignemens ; fouvent dès ces premieres recherches, des preuves font acquifes ; on fuit le fil de l'impofture ; on parvient à remonter jufqu'à l'auteur ; & le cours de ce crime, qui fe multiplie fi aifément, fe trouve arrêté jufques dans fa fource.

Voilà ce que l'expérience de tous les tems a fait reconnoître ; voilà fur-tout ce qui eft démontré dans cette affaire particuliere. Sans la faifie des papiers de Madame de Saint-Vincent, de Vedel, de Benavent, on n'auroit acquis aucune des preuves qu'on a raffemblées dans ce Mémoire. L'artifan du faux jouiroit en liberté du droit d'en commettre mille autres, & M. le Maréchal de Richelieu feroit menacé de voir éclorre une foule de nouveaux titres de créances contre lui, même après le Jugement qui aura reconnu & déclaré faux ceux qui font produits.

Ces fûretés employées pour découvrir le crime & pour en prévenir les fuites, ces voies extraordinaires pratiquées de tout tems en France, & ufitées même dans les pays où la liberté des hommes eft le plus refpeétée, ne font donc point des violences, un defpotifme, un attentat à la liberté, l'interverfion de l'ordre judiciaire ? C'eft peut-être au contraire le feul moyen praticable pour affurer la jufte vengeance des Loix : & la Juftice, effentiellement inftituée pour découvrir & punir le crime, ne peut qu'applaudir à l'autorité bienfaifante, qui lui prête son appui, pour remplir une fonction si précieuse & si important.

Mais revenons au reproche qui est fait à M. le Maréchal de Richelieu.

Après trois jours de Bastille, Madame de Saint-Vincent recouvre la liberté. C'est le Vicomte de Castellannes qui la fait sortir en triomphe de sa prison ; il n'attend pas même le retour de M. le Maréchal, qui avoit demandé son congé pour revenir à Paris. Il craint tout ce qui pourroit conduire à terminer sans éclat : &, sans égards pour M. le Maréchal de Richelieu, sans aucune prévenance pour les proches parens de Madame de Saint-Vincent, il se détermine à donner à cette affaire la suite la plus vive. Il rassure cette femme, que le sentiment de son crime ne cessoit d'alarmer. De cet instant, Madame de Saint-Vincent oublie qu'elle est coupable ; elle regarde comme l'égide la plus sûre, la protection du Vicomte de Castellannes, & elle renonce à toutes les satisfactions qu'elle avoit offertes pour appaiser M. le Maréchal de Richelieu.

C'est en vain que, par un ménagement sans exemple, M. de Richelieu évite même de prononcer son nom dans sa plainte. Loin de lui en savoir gré, & de saisir ce moyen de sauver l'honneur de Madame de Saint-Vincent, le Vicomte de Castellannes à qui cet honneur importoit bien moins que l'intérêt de ses *vues particulieres*, mandie de toutes parts des suffrages, & forme une liste de vingt parens, sous le nom desquels il publie des libelles atroces contre M. le Maréchal de Richelieu, & finit par le dénoncer à la Cour des Pairs, comme un *infame Ravisseur*. Madame de Saint-Vincent RAVIE ! Ce vain fantôme n'a trompé personne ; la honte est restée en partage à ces apologistes d'une femme trop connue, & dont la conduite étoit, dans ce procès même, trop bien éclaircie. On a vu ce qu'il faut penser des *rapts de Milhaud, de Tarbes & de Poitiers*. Mais enfin tous ces traits ont été lancés contre M. le Maréchal de Richelieu ; & si cette affaire a fait tant d'éclat, a causé tant de scandale, est-ce M. le Maréchal de Richelieu qu'il faut en accuser ? A-t-il dû se laisser flétrir, se laisser soupçonner d'être l'auteur du faux, sacrifier son honneur pour sauver celui de Madame de Saint-Vincent ?

Non : ses Juges ne le penseront pas. Ceux qui ont vu avec quelque réflexion cette affaire, reconnoîtront que dans l'état où Madame de Saint-Vincent & le Vicomte de Castellannes l'ont mise, & d'après le genre de leur défense, il étoit impossible à M. le Maréchal de Richelieu de ne la pas suivre avec le plus grand zele.

Il en étoit sur-tout comptable, de ce zele, à la Cour auguste qui doit le juger. De quel œil ses *Pairs* l'auroient-ils vu se taire, lorsque des Ecrivains forcenés ont osé imprimer sous leurs yeux : *Le faux est l'ouvrage de M. le Maréchal de Richelieu.* Il a donc dû, pour se défendre lui-même, prouver *que le faux est l'ouvrage de Madame de Saint-Vincent.*

· Maintenant il ne lui reste que de leur demander la réparation qui lui est due. Les tristes annales de la Justice ne fourniront pas un autre exemple de l'excès de licence auquel on s'est porté contre lui. Son rang & ses services auroient dû inspirer quelques égards aux Ecrivains de Madame de Saint-Vincent ; mais ils n'en ont connu aucuns, & leurs libelles, multipliés avec une profusion affectée, ont porté jusqu'aux extrémités du Royaume, le scandale du mépris des décences, de l'ordre public, & de la vérité. C'est à ses Juges à mesurer l'excès de sa douleur sur le respect qu'on se doit à soi-même,

& quand il demande qu'on le venge , il ofe fe perfuader que c'eſt moins fa Cauſe qu'il défend , que l'honneur même & la dignité de cette Cour reſpeƈable dont il a l'honneur d'être Membre. *Signé* , LE MARÉCHAL DUC DE RICHELIEU.

Mᵉ TRONCHET, Avocat.

De l'Imp. de L. CELLOT, rue Dauphine , 1776.